AF369787

ÉLÉMENTS COMPLETS

DE

PHOTOGRAPHIE

ÉLEMENTS COMPLETS

DE

PHOTOGRAPHIE

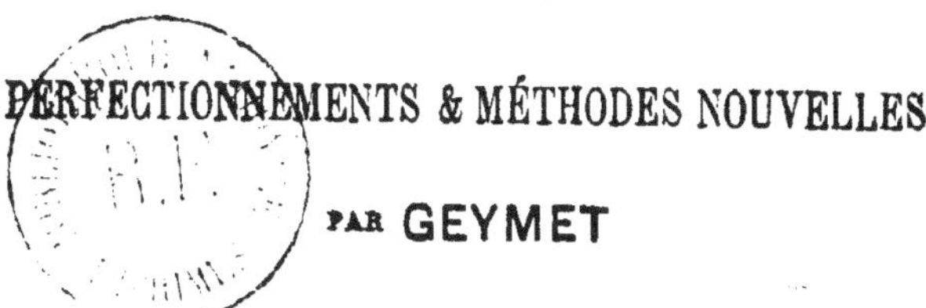

PERFECTIONNEMENTS & MÉTHODES NOUVELLES

par GEYMET

—

PRIX: 3 fr. 50

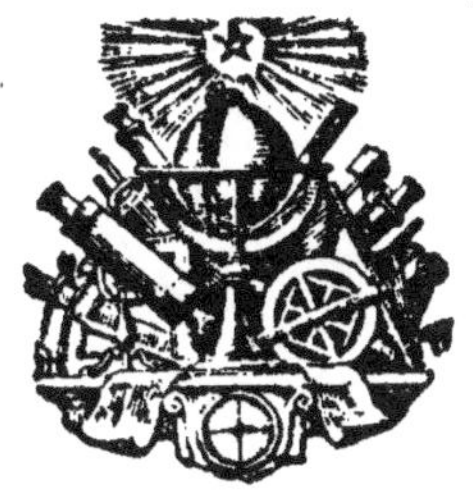

EN VENTE

A PARIS	A BRUXELLES
8, Rue Neuve-Saint-Augustin, 8	8, PLACE DE LOUVAIN. 8

A LA LIBRAIRIE PHOTOGRAPHIQUE, 17, RUE SERVANDONI

1875

ÉLÉMENTS COMPLETS

DE

PHOTOGRAPHIE

Perfectionnements et Méthodes nouvelles

PREMIÈRE PARTIE

—

CHAPITRE PREMIER

I

Nous nous sommes proposé de résumer le plus brièvement possible toutes les opérations photographiques. Nous insisterons sur les applications industrielles qui se rattachent de près ou de loin à la découverte de Nicéphore Niepce et de Daguerre.

Ce livre est écrit essentiellement pour le praticien. Nous nous bornerons aux formules et aux méthodes adoptées par les hommes pratiques.

On ne doit pas oublier que le résultat en photographie ne dépend pas exclusivement de la méthode et des formules, mais du goût et de l'aptitude de l'opérateur.

Les produits, les appareils et les manipulations ont reçu de tels perfectionnements qu'il n'est plus permis de se contenter d'épreuves médiocres. Chacun peut arriver à une perfection relative, le jour où, par la pratique, il se sera rendu maître des quelques opérations qui constituent une bonne méthode.

Les moyens d'impressions fournis par la photographie n'ont pas de précédents.

Les images, sans l'intervention du crayon ni du pinceau, sont produites par l'action de la lumière sur les iodures, les bromures et les chlorures d'argent.

Le rayon lumineux se substitue à l'artiste. L'art serait donc étranger aux productions photographiques, si le goût, sans lequel l'art est impuissant, ne présidait pas à la pose du modèle, à l'arrangement des draperies ou au choix des sites à reproduire.

Il n'y a donc rien à admirer dans les épreuves photographiques, si ce n'est les ressources étonnantes du procédé.

Les plus beaux effets sont quelquefois dus au hasard et souvent à une heureuse coïncidence entre l'équilibre des produits et l'action décomposante de la lumière.

II

Les premières observations qui ont amené la découverte de la photographie sont de date récente. Les Grecs et les Romains avaient remarqué toutefois que la lumière altérait les couleurs.

Ce fut Scheele, chimiste suédois (1765) qui observa que les sels d'argent noircissaient à la lumière.

En 1802, Davy et Wedgewood mirent en action les indications de Scheele et obtinrent des portraits silhouettes sur du papier préparé au sel d'argent.

En 1824, Nicéphore Niepce fixa l'image à la

chambre noire par l'emploi d'une couche sensible de bitume de Judée sur une plaque de cuivre argenté. Niepce prit plus tard Daguerre pour collaborateur et bientôt après la découverte fut complète.

Le savant et l'observateur remarquèrent la sensibilité de l'iodure d'argent. Fizeau fixa l'épreuve daguerrienne par le chlorure d'or et Claudet diminua le temps de pose en formant un chlorure d'iode sur la plaque argentée.

Cependant Talbot qui ignorait les secrets de Daguerre, avait trouvé la même année la photographie sur papier.

La photographie sur verre est due au neveu de Niepce. Il se servit d'une couche d'albumine rendue sensible par l'iodure de potassium qu'il transformait en iodure d'argent.

Enfin Legray, en 1851, remplaça l'albumine par le collodion.

Dès ce moment la photographie avait acquis toute sa perfection.

On s'occupa dès lors à donner plus d'extension à cette nouvelle découverte et aujourd'hui la photographie est à même de remplacer, et avec avantage sous certains points de vue, la gravure et la lithographie.

Les résultats dépassent les prévisions, et cette nouvelle branche d'industrie est appelée à rendre chaque jour de nouveaux services à la science et aux arts. Les procédés aux encres grasses, qui sont depuis quelques années passés à l'état pratique, décuplent l'importance de la photographie et donnent à cette industrie, limitée avant à la production d'œuvres éphémères, une extension sans limite.

Dans quelques années, les ouvrages des ciences, d'art, de stratégie, auront recours à la photographie qui leur fournira des dessins bien autrement précis que le crayon.

CHAPITRE II.

Produits chimiques & appareils

—

Le travail photographique consiste en une double opération.

1° L'obtention de la planche qui sert au tirage.
2° L'impression.

Nous parlerons d'abord de l'épreuve négative, c'est-à-dire du cliché et ensuite de l'image sur papier salé ou albuminé qui se nomme épreuve positive.

Mais avant de procéder aux manipulations, il faut avoir sous la main les appareils, les accessoires et les produits. L'amateur, et souvent par attraction il devient photographe, doit s'adresser à une maison connue. Il composera son atelier et son laboratoire comme il suit :

Il est inutile, en débutant, de dépasser dans l'achat des produits les quantités que nous indiquons.

On doit également être réservé dans le choix des appareils. Il vaut mieux compléter plus tard ce qui manque quand l'expérience aura signalé la nécessité des instruments supplémentaires.

Mais par contraire, si vous avez l'intention d'arriver à bien faire ne discutez pas trop le prix des appareils.

Il y en a à tous prix. Mais il est important de débuter avec des instruments de premier choix.

La supériorité de l'opérateur tient essentiellement aux moyens mécaniques dont il dispose. Il est vrai que l'expérience joue un rôle important dans l'excellence de la production. Mais il est certain que le plus habile serait impuissant à produire une œuvre avouable, s'il manquait d'appareils perfectionnés et de bons produits.

PRODUITS CHIMIQUES

Acide azotique	1000 grammes.
Acide acétique	250
Acide pyrogallique . . .	25
Chlorure d'or	2

Azotate d'argent . . . . 100 grammes.
Collodion ioduré. . . . 200 —
Alcool à 40° . . . . 1000 —
Ether sulfurique à 62° . . 500 —
Coton azotique . . . . 10 —
Iodure de cadmium . . . 15 —
Iodure d'ammonium. . . 15 —
Bromure de cadmium . . 5 —
Iode sublimé. . . . . 20 —
Sulfate de fer . . . . 1000 —
Tannin . . . . . . 20 —
Acétate de soude. . . . 100 —
Cyanure de potassium . . 100 —
Hyposulfite de soude. . . 1000 —
Vernis à chaud ou à froid . 100 —
Eau distillée . . . . . 5 litres
Kaolin . . . . . . 100 grammes.
Tripoli de Venise . . . 100 —
Bi-chlorure de mercure . 100 —
Encaustique . . . . . 100 —
Papier albumine. . . . 1 main

—

Nous écrivons ce livre pour le praticien et comme introduction à nos monographies.

Ce n'est donc pas de la chimie pure que le lecteur doit chercher ici, mais un guide sûr et succint pour qu'il puisse se familiariser en quelques jours avec toutes les opérations photographiques.

Nous nous bornerons à indiquer la manière d'employer les agents chimiques.

Nous signalons toutefois au débutant les quelques produits auxquels il doit donner toute son attention. Ils sont pour ainsi dire l'âme de la photographie.

1° Le nitrate ou azotate d'argent doit être pur.

2° L'éther et l'alcool seront rejetés, s'ils ne marquent pas le premier 62° et le second 40°.

3° Le coton azotique ou pyroxile doit se dissoudre parfaitement dans le mélange d'éther et d'alcool. Le résultat s'appelle collodion normal.

4° Il est inutile d'employer d'autres iodures que ceux de cadmium et d'ammonium. L'iodure de potassium est cependant d'un bon emploi, si on désire obtenir des images heurtées.

L'iodure de zinc rend peut-être le collodion un peu plus rapide, mais le collodion à l'iodure de zinc s'altère rapidement.

5° Le seul bromure que nous conseillons est celui de cadmium.

6° Le collodion ioduré doit être préparé avec un collodion normal fait d'avance. On décante la partie claire.

7° Le chlorure d'or et de sodium donne, en composition avec l'acétate de soude, un tirage d'un ton vigoureux et riche. On doit le préférer à tout autre chlorure.

En dehors de cette nomenclature, les autres produits chimiques employés dans le laboratoire ne peuvent apporter aucun trouble dans les opérations, quel que soit leur degré de pureté s'ils sortent d'une bonne maison.

INSTRUMENTS.

Le nombre des instruments photographiques s'accroît chaque jour.

Les perfectionnements récents et les applications multiples que l'industrie emprunte à cette découverte, nécessitent forcément l'emploi d'instruments auxiliaires.

Voici la liste des appareils indispensables pour obtenir le cliché négatif et l'épreuve positive sur papier :

1 Chambre noire à soufflet 1/2 plaque.

1 Objectif double 1/2 plaque.

1 Objectif simple 1/4 de plaque.

1 Pied de campagne à trois branches.

1 Niveau d'eau à bulle d'air.

1 Presse à satiner 18 × 24.

1 Presse à polir.

1 Presse à bomber.

24 verres rodés 13 × 18.

2 Boites à rainures 13 × 18.

1 Crochet en argent.

1 Blaireau plat.

5 Cuvettes porcelaine 13 × 18.

1 Cuvette en verre ou en gutta-percha à recouvrement.

5 Entonnoirs en verre de 250 gr.

1 Mesure graduée de 250 gr.
8 Flacons bouchés à l'émeri de 500 gr.
12 Agitateurs en verre.
3 Verres à expérience.
2 Dégradateurs.
1 Pince pour fixer la chambre noire sur le pied de campagne.
1 Liasse filtres 23 centimètres.
1 Pèse-nitrate.
1 Pèse-alcool.
1 Loupe de mise au point.
1 Balance de 250 gr.
1 Diamant à couper le verre.
1 Main de papier buvard rose.
1 Main de papier de soie.
1 Boîtes d'épingles noires vernies.
3 Pinceaux à retouche.
1 Bâton d'encre de Chine.
1 Pointe à couper les épreuves.
1 Equerre en verre.
1 Calibre-carte.
1 Calibre carte-album.
100 Cartes coupées ordinaires.

100 Cartes coupées album.

25 Feuilles bristol teinté.

3 Crayons à retoucher les clichés.

L'appareil photographique se compose de deux parties distinctes :

1° L'objectif.

2° La chambre noire.

OBJECTIF.

Le choix de l'objectif a été longtemps un point délicat. On peut se procurer aujourd'hui chez tous les opticiens, mais non sans choix, une combinaison de verres sans défauts. (1)

En règle générale, les Français préfèrent les verres Anglais, et les Allemands choisissent de préférence les objectifs français ou américains.

Les bons opticiens français livrent des objectifs du premier ordre à des prix très-modérés relativement aux exigences de leurs confrères d'outre-Manche ou d'outre-Rhin.

(1) Nous recommandons spécialement la maison Darlot pour le choix d'un objectif.

Les instruments d'optique employés en photographie se divisent en objectifs simples, c'est-à-dire à une seule lentille, et en objectifs doubles. Ces derniers sont formés par la réunion de plusieurs verres combinés.

L'objectif simple, qui exige un temps de pose plus long, sert à la reproduction et aux paysages.

C'est avec l'objectif double, plus rapide, qu'on prend le portrait et les groupes animés.

Cette classification, adoptée à l'origine de la photographie, n'a plus rien d'exact aujourd'hui, car l'objectif à paysage est souvent formé par la réunion de plusieurs verres de réfractions inégales.

Le flint et le crown sont les matières employées dans la fabrication de ces instruments.

Voici une nouvelle classification :

1° Objectifs donnant une image nette sans diaphragmes.

2° Objectifs qui ne sauraient donner des images nettes sans l'aide de diaphragmes.

Les objectifs de la première série prennent le nom d'aplanétiques.

Nous appellerons ceux de la seconde objectifs non aplanétiques.

Mais l'emploi des diaphragmes est toujours utile, même dans les objectifs de la 1re série.

Dans les deux cas le temps de pose est en raison inverse de l'ouverture des diaphragmes.

On nomme diaphragme l'ouverture plus ou moins grande qui donne passage à la lumière dans l'objectif.

Nous dirons plus simplement : quel que soit l'objectif employé, si on pose dix secondes avec un diaphragme d'une ouverture quelconque, on doublera ce temps de pose, si l'ouverture est réduite de moitié.

Les opticiens ont réglé l'ouverture des diaphragmes sur les données que nous indiquons.

On nomme foyer de l'objectif le point en arrière où les rayons solaires se réunissent après avoir traversé la lentille ou les verres combinés, pour former une image nette.

On détermine le foyer de l'instrument en mettant un objet au point dans la chambre noire. On divise cette distance par 4, et le quotient indique le foyer de l'objectif.

Les amateurs ont acheté volontiers jusqu'à ce jour, et à des prix très-élevés, le triplet de Ross ou de Dalmeyer, l'aplanat ou le périscope de Steinhiel, le globe-Lens d'Harrison, l'objectif panoramique de Sutton, etc.

Ces objectifs sont excellents, nous l'avouons, mais pour la moitié de leur prix de vente, on trouve chez tous nos opticiens les mêmes combinaisons.

Les demi-plaques de MM. Darlot, Hermangis et Derogy, leurs lentiformes et leurs objectifs aplanétiques valent largement le doublet de **M.** Ross et le globe-Lens d'Harrison, etc.

DÉSIGNATION DES OBJECTIFS

On nomme 1/4 de plaque l'objectif destiné à couvrir une glace de 9 cent. sur 12.

La demi-plaque couvre 13✕18.

La plaque entière   18✕24.

Au-dessus, les instruments portent le nom de 4 pouces, de 5 pouces, etc.

Le complément de l'objectif est la chambre noire. C'est une boîte carrée qui ne doit recevoir de jour que celui qui pénètre par l'objectif. On doit se contenter, en commençant, de la chambre à soufflet demi-plaque ordinaire, qui permet de prendre des vues de treize centimètres sur dix-huit.

Nous conseillons cependant la chambre universelle, qui peut servir pour le collodion humide et pour le collodion sec. Cet appareil est en même temps stéréoscopique.

La forme carrée est préférable, car le châssis peut alors recevoir la glace sensible dans le sens de la longueur ou de la largeur.

Cette disposition plus commode est en quelque sorte indispensable quand il s'agit de paysages ou de reproductions.

Il est bon d'adopter la chambre à bascule. Avec l'appareil qui comporte ce perfectionnement, on peut incliner le verre dépoli et partant, la glace sensibilisée. Cette disposition a son importance pour le portrait.

La planchette qui porte l'objectif doit être

d'autre part mobile. Il faut pouvoir, pour le paysage, déplacer l'objectif suivant la disposition du terrain ou du monument. Il est souvent nécessaire que l'instrument ne projette pas l'image exactement au centre du verre dépoli. Il faut pouvoir élever ou abaisser l'objectif suivant le cas, pour conserver le parallélisme des lignes.

La chambre noire est munie d'un soufflet. Cet appendice sert à augmenter ou à diminuer les proportions de l'objet à reproduire. On obtient le même résultat en avançant ou en reculant l'appareil dans son entier, mais le soufflet a de plus l'avantage de faciliter la mise au point, qui varie suivant la distance de la mire à l'objectif. L'objectif lui-même a, dans le même but, une crémaillère qui permet, par un mouvement en avant ou en arrière, de déterminer le point avec plus de précision encore.

On réduit toujours les objets avec une chambre ordinaire.

Il faut un grand développement de soufflet pour reproduire le modèle de grandeur égale. Il est indispensable pour agrandir que la chambre porte un double soufflet. On peut remplacer celui de devant par un cône.

L'agrandissement doit être laissé au photographe de profession. L'amateur se contentera de réductions, mais l'agrandissement devient facile si l'on adopte le réflectoscope de M. Van Tenac.

C'est à l'extrémité du soufflet que s'adapte le verre dépoli, appelé champ, sur lequel l'image est projetée par l'objectif. Le côté dépoli du verre est à l'intérieur.

Le châssis qui porte la glace sensible prend, au moment de l'opération, la place de la glace dépolie.

Il faut donc que le verre dépoli et la glace sensible occupent à tour de rôle, mathématiquement, la même place, différemment l'image manquerait de netteté. On s'assure d'avance que l'appareil est bien construit en vérifiant la coïncidence exacte des deux verres. Il suffit pour s'assurer du fait de passer un mètre par l'ouverture destinée à l'objectif, et de l'introduire dans la chambre jusqu'au verre dépoli qui l'arrête. On note la distance. On remplace ensuite le verre dépoli par le châssis, et en opérant sur la glace qu'il renferme, on voit si la distance marquée est exactement la même.

Chaque chambre noire porte deux châssis, et en plus, le châssis à verre dépoli.

On remplace quelquefois un des châssis par un multiplicateur. Cet appareil qui peut toujours après coup s'adapter à une chambre quelconque, glisse sur des rainures, et permet de prendre plusieurs fois le même portrait sur une même glace. On peut obtenir ainsi 2, 4, 6, et 8 poses variées.

Dans la chambre stéréoscopique, la boîte et le soufflet sont divisés en deux compartiments dans le sens de la longueur. On obtient sur le même verre deux images identiques, qui vues au stéréoscope, donnent la sensation du relief.

Par une ingénieuse disposition, on peut prendre des vues d'ensemble avec un autre appareil appelée chambre panoramique. La glace sensible obéissant à un mouvement de translation, se déplace à mesure et sans point d'arrêt, et présente progressivement une partie de la surface sensible à l'image projetée par l'objectif.

DES CUVETTES

Les cuvettes employées en Photographie sont en porcelaine, en gutta-percha, en bois et verre, ou enfin en verre moulé.

Les cuvettes en carton durci sont utiles en voyage à cause de leur légèreté.

Le laboratoire doit être pourvu au minimum de cinq cuvettes, dont une à recouvrement. Il est inutile de décrire certains appareils.

Le fabricant de produits spéciaux pour la Photographie donnera des explications suffisantes.

La cuvette destinée au bain d'argent négatif porte un recouvrement. On peut toutefois se servir d'une cuvette ordinaire.

Il est préférable de choisir des cuvettes plus grandes que celles qui sont indiquées réglementairement pour l'usage de la chambre noire qu'on a choisie. Dans les cuvettes de plaque entière, 18×24 cent., on fait plus commodément le virage et le fixage que dans les cuvettes de 13 cent. sur 18, qui sont les mesures indiquées pour la 1/2 plaque.

Nous n'avons aucune préférence pour la matière employée à la confection des bassines destinées aux bains. Mais dans les dimensions moyennes, les cuvettes en porcelaine offrent plus d'avantage. La porcelaine est lourde et d'un prix élevé quand les appareils atteignent certaines proportions. On choisira dans ce cas les cuvettes en bois et verre ou en bois et gutta.

Chaque cuvette doit avoir sa destination et recevoir toujours le même bain.

Il faut inscrire au dos du récipient l'usage qu'on veut en faire, et ne jamais s'en servir pour un autre emploi.

Cette règle est de la plus haute importance à l'endroit des cuvettes destinées aux bains d'argent et au virage. En cas de surprise par défaut d'attention, il faut laver la cuvette avec de l'acide azotique coupé d'eau et la rincer 3 ou 4 fois à l'eau fraîche.

La cuvette affectée au bain d'argent positif qui

sert à sensibiliser les glaces, peut être horizontale ou verticale. Dans ce cas, elle est en verre moulé ou en gutta-percha.

La forme verticale est peu usitée en France. Elle offre cependant de grands avantages. Mais il faut un bain abondant. Nous y reviendrons au moment de l'opération.

Le crochet qui sert à soulever la glace du bain et à l'agiter peut être en argent ou en corne. Toute autre matière altèrerait le bain d'argent.

Le crochet en corne est moins commode. Il glisse quelquefois sur l'arrête du verre et déchire la couche de collodion.

CABINET NOIR

La photographie est une méthode d'impression par la lumière. Les premières préparations doivent être faites à l'abri du jour. Il faut choisir un cabinet de quelques mètres carrés.

On substitue aux verres blancs des verres de couleur jaune. On peut à la rigueur coller sur les carreaux une double feuille de papier de couleur orange.

On peut encore pour une installation momen-
tanée, opérer dans une chambre quelconque, si
on a le soin de fermer les volets ; mais il faut, en
interposant des rideaux épais, ne laisser pénétrer
aucun rayon, si faible qu'il soit.

On manipule à la faible clarté d'une bougie
qu'on place le plus loin possible du bain d'argent.
Le collodion qui est un composé d'éther, d'alcool
et de coton-poudre, est très-inflammable. Il a
causé de nombreux accidents. Il n'y a toutefois
aucun danger, si on a le soin de collodionner les
glaces à une certaine distance de la bougie.

On est dans de meilleures conditions si on peut
recevoir le jour à travers des verres jaunes, car
le rayon jaune a très-peu d'influence sur la couche sensible. Ce rayon n'a presque pas de puissance actinique. On appelle actinisme la puissance
décomposante de la lumière.

Nous indiquerons au moment de sensibiliser les
glaces, les quelques précautions qu'il faut prendre
pour atténuer l'effet de la lumière jaunie. L'explication qui suit devient nécessaire puisque nous
venons de parler du rayon jaune.

SPECTRE SOLAIRE

C'est du soleil que la lumière émane. Le rayon solaire est blanc, mais ce sont les sept couleurs primitives qui concourent à la formation de la lumière blanche. Or, ces couleurs peuvent être isolées et rendues sensibles quand le rayon blanc traverse un prisme triangulaire. Les sept couleurs décomposées portent le nom de spectre solaire.

Il est aisé de décomposer le rayon blanc. Après avoir fermé les volets d'une chambre, on y perce une ouverture ronde d'un centimètre et on reçoit le rayon solaire sur un prisme. Au sortir du prisme le rayon se trouve décomposé, et si on interpose un écran blanc pour arrêter la marche de la lumière, les sept couleurs sont visibles sur l'écran où elles forment une bande allongée. Elles se montrent dans l'ordre suivant : rouge, orange, jaune, vert, bleu, indigo, violet.

Chaque rayon décomposé a des propriétés inhérentes de lumière, de chaleur et de pouvoir chimique. En effet, dans le cabinet noir, la lumière éclairante qui traverse le verre jaune, perd presque totalement son action chimique.

Les verres de couleur ne laissent passer que certains rayons.

Le rayon rouge, par exemple, peut seul pénétrer et poursuivre sa route à travers un verre rouge. Les autres rayons sont réfléchis à sa surface et arrêtés dans leur course.

Les rayons rouge, orange, jaune et vert n'ont presque pas de puissance actinique. Aussi ne faut-il pas songer en photographie à reproduire dans leurs détails les objets qui présentent ces mêmes couleurs.

Une robe rouge, orange, jaune ou verte, sera reproduite en noir sur l'épreuve positive. On comprend d'après cette théorie les difficultés qu'on a à reproduire un tableau ou une aquarelle. Les couleurs désignées plus haut sont reproduites en noir sur l'épreuve positive.

Aussi les artistes qui ne veulent pas avoir recours à la gravure pour reproduire les sujets d'actualité, ont soin de peindre leurs compositions en grisaille. Le photographe peut alors photographier exactement leurs tableaux, qu'ils exploitent par la vente des épreuves photographiques.

C'est par la même raison que le collodion destiné au paysage, doit être plus fortement bromuré, car le bromure d'argent est plus facilement impressionné par le rayon vert réfléchi par les arbres et le gazon. Quelques gouttes d'alcool teinté par le chlorophile ou par la coraline, dont il sera question plus loin, rendent le collodion plus sensible au rouge, au vert et au jaune.

Les couleurs vraiment photogéniques sont le *bleu*, l'*indigo* et le *violet*.

Il existe encore en dehors du spectre certains rayons invisibles qui ont une très-grande puissance décomposante. On les nomme rayons extra-prismatiques.

Il est, du reste, facile d'apprécier ces faits par une expérience fort simple. On couvre une feuille de papier sensible avec des verres colorés.

Après quelques minutes d'exposition, on remarque que sous le verre blanc le papier est vigoureusement teinté en noir ; sous le verre jaune on retrouve le papier aussi blanc qu'avant l'exposition.

Le laboratoire doit être commodément installé.

On dispose quelques planchettes en forme d'étagère pour recevoir les flacons. Tout doit y être dans un ordre parfait pour éviter les méprises.

L'eau joue un rôle important en photographie. Il est rare de ne pas obtenir de bons résultats si on peut se livrer à des lavages abondants.

On disposera une fontaine et en dessous un récipient assez vaste pour recevoir l'eau employée.

Il faut avec soin éloigner du laboratoire toutes les substances chimiques sujettes à dégager de l'hydrogène sulfuré, si on veut éviter les voiles sur les clichés. Quelques gouttes d'eau régale (mélange d'acide azotique et d'acide chlorhydrique) peuvent par évaporation assainir le laboratoire et dissiper les voiles.

On relègue la cuvette à hyposulfite dans un coin, loin du voisinage du bain d'argent. Nous préférons le cyanure pour désioder. Mais il faut être prudent avec cet agent dangereux, dont les émanations suffisent en été pour incommoder l'opérateur.

CHAPITRE III.

De l'atelier de pose

Le photographe de profession opère dans une terrasse vitrée, appelée atelier de pose. Il modifie à volonté l'éclairage à l'aide de rideaux. C'est dans l'art apporté à l'éclairage et à la pose que réside en grande partie le talent et la supériorité du photographe.

Le point principal dans la construction d'une terrasse, c'est que la partie ouverte de l'atelier reçoive la lumière du nord, ce qui veut dire en d'autres termes que le modèle doit être toujours garanti de la lumière directe du soleil. Les rideaux interposés ne suffisent pas pour adoucir la dureté des ombres portées par un éclairage trop vif.

2.

Cette observation ne s'applique qu'au portrait qui exige du fondu dans les demi-teintes.

Les dessins et les gravures, au contraire, doivent autant que possible être exposés en plein soleil. On doit obtenir le plus d'opposition possible entre les blancs et les noirs, si on veut éviter une teinte générale grise sur la reproduction. Ce voile résultant d'un manque de lumière enlève tout l'éclat du dessin primitif. Dans la reproduction des vieilles gravures, on évite difficilement ce défaut. Le papier jauni par le temps envoie peu de lumière à l'objectif, mais on peut toujours blanchir le papier en l'immergeant pendant un quart-d'heure dans le bain qui suit :

Eau. . . . . 1000 g.
Chlorure de chaux. . . 30 g.
Sulfate d'alumine . . . 30 g.

Les tableaux et les aquarelles ne peuvent être reproduits avec succès qu'en demi-lumière. Pour obvier aux métallisations résultant d'une pose excessive, on peut avec succès avoir recours au collodion sec. Il en est de même pour reproduire les bijoux ornés de brillants. Il faut les placer en demi-lumière dans une boîte doublée en papier velouté noir. On les suspend dans le fond du casier improvisé.

Nous laissons à l'opérateur le choix des fonds. Ils seront unis, et dans ce cas, d'un drap d'un gris clair ; si on préfère le paysage, on le fera peindre en grisaille par un artiste de goût, mais en ton mat et sans vernis.

L'accessoire le plus important de l'atelier de pose est l'appuie-tête. Il est impossible de faire un bon négatif de portrait si le modèle n'est pas soutenu par cet appareil pendant la pose.

L'homme mu par la pensée, même quand il est en repos, ne peut pas rester immobile pendant les quelques secondes qui suffisent cependant à l'opération. La circulation du sang et le besoin de respirer s'opposent à l'immobilité complète. Il faut donc maintenir le buste, et c'est l'appuie-tête sur lequel le modèle trouve un point d'appui qui permet d'obtenir la netteté dans les traits. Le moindre mouvement pendant la pose rend tous les soins préalables inutiles. Il en résulte des déformations qui forcent l'opérateur à recommencer.

L'appui-tête est généralement dédaigné par les amateurs, et c'est pourtant l'appareil le plus utile. Il éviterait cependant, si on voulait s'en servir, de préparer cinq ou six plaques avant d'obtenir un résultat. La distraction photographique sans l'appuie-tête devient une corvée pénible, car en villégiature l'amateur est condamné forcément au supplice du portrait.

Il est encore un point essentiel à observer et qu'on a tort de négliger.

Quel que soit le but de l'opération, l'appareil doit être mis d'aplomb à l'aide d'un niveau d'eau à bulle d'air. Il est impossible de faire un bon paysage si la chambre noire n'est pas dans les conditions d'équilibre dont nous parlons. Il en est de même pour le portrait. Il est toujours permis d'exhausser ou d'abaisser l'appareil pour faire arriver directement dans l'objectif le rayon lumineux réfléchi par le point central du modèle. Il en est de même pour la reproduction d'une gravure. Si la chambre noire est de travers, les angles droits qui terminent le dessin subiront des déformations inacceptables dans une reproduction.

L'amateur qui n'a pas d'atelier est dans des conditions moins favorables que le photographe.

On peut toutefois obtenir d'excellents portraits en plein air en se guidant sur les données que nous allons indiquer. Les essais de portraits faits dans une chambre peu éclairée, si les fenêtres surtout ne sont pas spacieuses et élevées, ne réussissent qu'à moitié. On peut pallier les défauts inhérents à l'insuffisance de l'éclairage, en plaçant un réflecteur en étoffe blanche derrière le modèle pour éclairer le 1/4 qui ne reçoit que la lumière réfléchie par le fond de la pièce. L'effet, en tout cas, est rarement heureux.

Le résultat est plus défectueux encore si on tente d'établir son atelier de pose dans le fond d'une cour entourée de constructions élevées.

Le jour qui vient d'en haut projette une ombre trop intense sur les yeux et sur la bouche.

On est plus heureux en pleine campagne, et on obtient de bonnes épreuves le matin et le soir. Quand le soleil est au zénith, il ne faut tenter aucun essai, même pour le paysage. Il y a cependant exception si le temps est couvert.

On choisit en tout cas un emplacement garanti des rayons du soleil. On trouve toujours dans un jardin un coin quelconque abrité du soleil par les constructions voisines. Le modèle ne reçoit ainsi que la lumière réfléchie.

Le paysage, au contraire, exige le plein soleil du matin ou du soir, sauf quelques exceptions. L'objectif doit faire face à la partie directement éclairée.

CHAPITRE IV.

Du Collodion

—

On appelle collodion normal une dissolution de coton azotique dans un mélange d'éther et d'alcool.

Le coton ordinaire, transformé par son immersion dans un mélange d'acide azotique et d'acide sulfurique, acquiert la propriété de se dissoudre.

Pour obtenir le collodion ioduré ou photogénique, on ajoute au collodion normal une quantité déterminée d'iodure et de bromure.

La liste des formules de collodion qui ont été recommandées, serait trop longue. Nous nous bornerons à en donner une seule, celle que nous employons à Paris et à Bruxelles, et que nous livrons depuis 15 ans à nos clients. Cette formule répond à tous les besoins. Elle est applicable au collodion sec et à la reproduction des tableaux. Nous avouons cependant que nous n'avons aucune préférence pour notre dosage, ni pour le choix des iodures et des bromures qui la composent.

Dans les mains d'un opérateur soigneux et surtout expérimenté, toutes les formules régulières et tous les procédés réussissent.

Chaque photographe, chaque fabricant de produits chimiques, a la prétention de préparer un collodion extraordinaire. On donne à l'appui de belles épreuves.

Il est certain, pour nous, que les meilleurs opérateurs préparent les formules banales, qui servent dans tous les ateliers de photographie, et qu'on attribue au produit cette supériorité d'exécution qui est le résultat d'une longue expérience.

Bornez-vous donc à une seule formule. Vous ne ferez pas mieux avec celle qu'on vous proposera comme meilleure.

Si vous êtes adroit, soigneux et observateur par dessus tout, vous produirez avec le collodion ordinaire des épreuves qui vous amèneront la clientèle, si vous êtes photographe. Comme amateur, vous obtiendrez l'approbation des gens du métier.

DE LA PRÉPARATION DU COLLODION.

La meilleure méthode consiste à préparer d'abord le collodion normal.

>   Alcool .   .   .   . 500 cent. cubes.
>   Éther   .   .   .   . 500 id.   id.
>   Coton azotique .   . 10 grammes.

On agite vivement le flacon à divers reprises pour faciliter la dissolution du coton. On laisse le tout en repos pendant quelques jours. Les poussières et les parcelles de coton qui ne sont pas solubles, se déposent au fond du vase.

On décante ensuite la partie limpide, et le collodion normal, ainsi obtenu, peut se conserver pendant toute une saison sans altération.

C'est une réserve parfaitement limpide où l'on puise pour les besoins du moment.

On prépare à part la liqueur sensible en versant dans un flacon 100 cent. cubes d'alcool. On ajoute :

Iodure de cadmium   . 5 grammes.
    —   d'ammonium . 5   —
Bromure de cadmium   . 2.50 —

On filtre quand les sels sont dissous. Ces trois produits sont très solubles dans l'alcool et l'iodure d'ammonium donne en plus une certaine fluidité au collodion.

Il suffit pour préparer 100 cent. cubes de collodion ioduré dont on peut se servir immédiatement, de verser 10 cent. cubes de cette liqueur dans 100 cent. cubes de collodion normal en ayant soin d'agiter le mélange.

On peut aussi mettre d'un seul coup tous les produits dans le même flacon : l'éther, l'alcool, le coton, les iodures et le bromure en se basant sur les proportions que nous venons d'indiquer.

Quand tous les produits solides sont dissous et que le dépôt s'est effectué, on transvase le collodion dans des flacons de 100 cent. cubes, et on les bouche avec soin pour empêcher l'évaporation de l'éther et de l'alcool.

Il n'y a pas d'inconvénient à mêler les iodures et le bromure au collodion normal décanté ; on les dissout dans ce cas dans un mortier en verre, en s'aidant du pilon pour activer le résultat.

Si, pour avoir plus d'opposition comme il a été dit, on se servait d'iodure de potassium, il faudrait au préalable verser dans le mortier une ou deux gouttes d'eau, pour faciliter la dissolution de cet iodure peu soluble dans l'alcool.

La préparation séparée de la liqueur sensible est la méthode que nous conseillons à l'amateur qui n'opère souvent qu'à de longs intervalles. Le collodion, sensibilisé trop longtemps à l'avance, perd quelquefois de sa sensibilité. On n'a jamais de collodion lent en l'iodurant à mesure des besoins.

Il est bon d'ajouter à 100 cent. cubes de cette formule, une paillette atomique d'iode, pour prévenir les voiles qui pourraient dans certains cas se former sur le négatif.

Le collodion normal est un produit privé d'éléments photogéniques. Il a pour mission de rendre possible la répartition égale des iodures et des bromures sur une surface plus ou moins grande. Ce n'est pas un agent purement photographique, mais un véhicule qui emprisonne et qui étend dans ses mailles serrées, les produits qui doivent se combiner après avec le bain d'argent.

Il s'agit, en effet, pour obtenir une couche sensible à la lumière, de former de l'iodure et du bromure d'argent sur la glace, et cette méthode par combinaison est la plus commode et la plus sûre.

On a essayé de préparer l'iodure d'argent de toutes pièces à même dans le collodion. Mais la couche n'est pas égale, et le résultat n'est jamais certain.

On a plus de succès avec les chlorures, et on peut former directement le chlorure d'argent dans le collodion. Ce produit se prête mieux à cette combinaison et donne d'excellents résultats sur le papier positif. Nous en avons la preuve dans notre papier collodionné qui peut être employé au tirage ordinaire, mais qui sert plus spécialement à obtenir des positifs sur verre sans l'emploi de la chambre noire.

CHAPITRE V.

Préparation des bains

—

N° 1. — BAIN D'ARGENT.

Pour préparer le bain d'argent, on met dans un flacon :

Eau distillée. . . . . 1,000 gr.
Azotate d'argent fondu ou cristallisé. 80 gr.
Collodion ioduré, 5 ou 6 gouttes.
On laisse dissoudre le sel et on filtre.

On peut remplacer le collodion par quelques centigrammes d'iodure de potassium ou de cadmium. On évite aussi d'introduire de l'éther et de l'alcool dans le bain.

On peut se servir d'eau de pluie en place d'eau

distillée, mais on ne doit employer l'eau de source ou de puits qu'en cas extrême. Ces eaux sont chargées de sels de diverses natures, surtout les eaux minérales.

Si on était dans la nécessité de préparer le bain d'argent autrement qu'avec l'eau de pluie ou l'eau distillée, on précipiterait les sels contenus dans les eaux de source avec le nitrate d'argent lui-même, en mêlant dans l'eau destinée au bain quelques gouttes d'une solution d'azotate d'argent. Il faut dans ce cas verser goutte à goutte le nitrate d'argent dissout dans l'eau destinée au bain d'argent, et s'arrêter quand il ne se fait plus de précipité. On filtre l'eau devenue laiteuse et on y ajoute la quantité d'azotate d'argent indiquée.

Le bain d'argent doit être légèrement acide. Un bain alcalin et souvent un bain neutre peuvent voiler les clichés. On s'assurera que le bain positif est dans les conditions énoncées, en y trempant une bande de papier tournesol bleu; le papier doit, au sortir du liquide, être coloré légèrement en rose. Le bain serait trop acide, si le ton rose était trop vif. Si le papier restait bleu, on ajouterait au bain d'argent quelques gouttes d'acide azotique, mais il faut être prudent dans l'emploi de l'acide.

Un bain neuf donne d'abord des clichés brillants et limpides, mais il finit par voiler les clichés par suite de l'usage qu'on en fait.

On remédie à cet accident en préparant un bain neuf et en le versant dans l'ancien. Il se produit un trouble formé par l'iodure d'argent en excès ; mais après filtration, le bain d'argent remonté reprend toute sa limpidité.

C'est à l'iodure d'argent que sont dues les piqures qu'on observe dans les négatifs, quand le bain a fait un long service.

Il ne faut jamais aciduler avec l'acide acétique, car l'acétate d'argent résultant du mélange produit des piqures d'un autre ordre sur les négatifs.

L'alcool et l'éther qui se mêlent au bain par suite de la sensibilisation des glaces le rendent huileux.

Il s'en suit de nombreuses taches sur les clichés

quand on développe l'épreuve. Il faut en ce cas verser le bain dans une cuvette et l'y laisser pendant une nuit. L'évaporation suffit pour éliminer ces deux produits.

Le bain d'argent négatif ne doit pas être conservé dans l'obscurité, on le place au contraire dans un flacon en verre blanc et en pleine lumière, plutôt au soleil qu'à l'ombre. On le débarrasse par ce moyen de toutes les poussières végétales qui, décomposées par l'argent, sont précipitées au fond du flacon par suite de la réaction de la lumière.

C'est le bain d'argent positif qui sert à sensibiliser le papier, qu'on doit garder dans l'obscurité la plus complète pour des motifs que nous indiquerons plus loin.

La plupart des accidents qu'on attribue aux variations du collodion, sont produits par le bain d'argent, et quand on se trouve arrêté par des causes qu'on ne s'explique pas, on fera bien de changer le bain d'argent contre un bain neuf. On reprendra le vieux bain après quelques jours d'exposition en plein soleil.

N° 2. — BAIN DE FER.

Le bain de fer appelé bain révélateur, fait apparaître l'image sur la glace. On le préparera comme il suit :

Eau ordinaire. . . . . . 1,000 gr.
Sulfate de fer . . . . . . 50 gr.
Acide acétique. . . . . . 50 gr.
Alcool. . . . . 25 gr.
Azotate de potasse. . , . . 5 gr.

Pour ce bain et pour ceux qui suivront on versera la quantité d'eau indiquée dans un flacon, et on y introduira ensuite les produits indiqués sans ordre déterminé. Nous recommandons seulement de filtrer toutes les préparations après la dissolution des sels.

L'alcool n'intervient dans le bain de fer que pour faciliter l'extension uniforme du liquide sur la glace. L'acide acétique préserve les noirs du cliché et rend les blancs plus vifs. Ce bain se conserve indéfiniment ; il prend toutefois en vieillissant une teinte brune. Cette coloration est due

3.

au sulfate de peroxide de fer qui tend à se former. On le ramène au blanc en y ajoutant quelques gouttes d'acide sulfurique.

N° 3. — BAIN D'ACIDE PYROGALLIQUE.

Ce bain sert à renforcer les négatifs. En voici
la formule :

    Eau distillée ou de pluie **250** grammes.
    Acide pyrogallique.   .   1   —
    Acide acétique.   .   . 15   —

Cette solution perd de ses propriétés avec le
temps. On ne doit en préparer que peu à la fois.
On y ajoute, au moment de s'en servir, quelques
gouttes du bain d'argent à renforcer.

Mêlée au bain d'argent, cette solution se dé-
compose après quelques minutes, elle ne peut
reservir en aucun cas.

Il arrive quelquefois que les deux liquides mê-
lés ensemble se troublent trop promptement.
C'est une preuve que l'acide acétique n'est pas
en quantité suffisante.

N° 4. — BAIN D'ARGENT A RENFORCER.

C'est la solution d'argent dont nous venons de parler, et qui est mêlée par petites doses au bain d'acide pyrogallique. On ne doit en préparer que 100 grammes à la fois.

Eau distillée. . . 100 grammes.
Azotate d'argent. . . 3 —
Acide acétique . . . 5 —

N° 5. — BAIN DE CYANURE DE POTASSIUM.

Le cyanure de potassium est un poison violent. Il faut éviter de s'en servir si on a des coupures aux doigts. On remplace ce produit par d'hyposulfite de soude.

Eau ordinaire . . 1000 grammes.
Cyanure de potassium . 30 —
    Ou bien
Eau ordinaire . . 1000 grammes.
Hyposulfite de soude 1000 —
Ce bain doit être à saturation. Il doit y avoir

des cristaux d'hyposulfite non dissous au fond du flacon.

Ces deux bains servent à fixer l'image négative sur le verre. Ils dissolvent l'iodure d'argent qui n'a pas été réduit.

Le cyanure agit plus rapidement que l'hyposulfite. On évite par son emploi, une série d'insuccès occasionnés par l'hyposulfite de soude qui est un véritable fléau dans un laboratoire.

Le sulfocyanure d'ammonium à saturation, peut remplacer le cyanure et l'hyposulfite.

Il n'y a aucun danger à l'employer et il n'a pas les inconvénients de l'hyposulfite.

OPÉRATION.

1° Avant toute opération, on doit procéder au nettoyage des glaces. Le négatif se fait sur glace ou sur verre. Les glaces sont préférables mais plus coûteuses. La plupart des photographes n'emploient que le verre.

La glace dont la surface est mathématiquement

plane, est moins sujette à se briser dans le châssis-presse.

Si la glace est neuve on la nettoiera avec la préparation dont la formule suit :

    Alcool.   .   .   .   .   100 grammes.
    Tripoli de Venise.   .   20   —
    Ammoniaque liquide.   .   5   —

L'eau ordinaire peut remplacer l'alcool. On pose la glace ou le verre sur une planchette à nettoyer ou, au besoin, sur un double de papier buvard. On y verse l'alcool chargé de tripoli, et on frictionne la plaque en s'aidant d'un tampon de coton. On nettoie les deux surfaces, mais on polit avec plus de soin celle qui doit recevoir le collodion.

On obtient également un bon polissage, en employant une solution faible d'iode dans l'alcool. Les deux produits s'évaporent sous la friction, et le résultat est plus prompt.

Si on emploie l'alcool et le tripoli, on doit laisser sécher la glace. On enlève plus facilement le tripoli quand il est sec.

AXIOME.

Il n'est pas possible d'obtenir un bon négatif, si la glace n'est pas rigoureusement propre. Tous les insuccès des débutants n'ont pas d'autre cause.

On s'assure de la pureté de la surface en hâlant sur la glace. Si l'haleine projetée ne s'étend pas d'une manière uniforme, on doit recommencer les frictions.

On peut en un quart de minute préparer une glace à recevoir le collodion, mais une main inexpérimentée y passera un quart d'heure, et le nettoyage sera incomplet.

On arrivera cependant au résultat si on a le le soin d'essuyer la glace, frictionnée avec un linge propre, sans toucher d'une manière quelconque à la surface du verre. Tout contact du doigt exige un nouveau nettoyage.

On conserve les glaces prêtes à recevoir le collodion, dans une boîte à rainure à l'abri de la poussière et de l'humidité.

Les glaces qui ont servi, exigent un traitement préalable, surtout si elles ont été vernies.

On verse dans une cuvette en porcelaine 500 grammes d'acide azotique et la même quantité d'eau. Les vieilles glaces doivent séjourner 24 heures dans ce bain.

Il est bon d'avoir une cuve en grès remplie d'acide nitrique dilué aux proportions indiquées, et d'y jeter toutes les glaces qui ont servi à un usage quelconque. Le verre peut séjourner indéfiniment dans ce bain, et c'est là qu'on puise pour les besoins de l'opération. Il suffit de rincer les verres dans l'eau pure et de les polir ensuite.

On peut remplacer l'acide azotique coupé d'eau par une solution concentrée de bi-chromate de potasse.

EXTENSION DU COLLODION.

2° On prend dans la boîte à rainure la glace préalablement nettoyée, on polit une dernière fois avec un tampon ou un papier de soie la face qui doit recevoir le collodion.

Tout frottement électrise le verre et les poussières ambiantes se portent par attraction sur la glace par suite de ce dernier nettoyage.

On doit avant de verser le collodion (et le point est important), passer un blaireau sur le verre. On saisit ensuite la glace entre le pouce et l'index. L'index doit soutenir le verre et on le tient en équilibre avec le pouce en empiétant le moins possible sur la surface à collodionner. La glace doit être d'aplomb et ne pencher dans aucun sens.

On verse le collodion dans le haut en rapprochant le goulot du flacon le plus près possible de la surface du verre pour éviter les bulles d'air. On incline ensuite la glace à droite et à gauche pour faciliter l'extension uniforme de la nappe et on reçoit dans un second flacon à entonnoir l'excédant du liquide.

Par un mouvement brusque, on fait prendre alors au verre la position perpendiculaire pendant 5 ou 6 secondes pour faciliter l'écoulement rapide du collodion en excès, et sans attendre on saisit avec la main gauche l'angle opposé à celui qui tient la droite et on imprime à la glace un mouvement lent et régulier de droite à gauche et réciproquement.

Ce balancement divise la ligne d'écoulement. On évite ainsi les stries qui se formeraient dans la couche par suite de l'épaisseur inégale du collodion.

Nous avons dit que l'excès du collodion versé devait être reçu dans un flacon auxiliaire muni d'un entonnoir. Le fond de cet entonnoir doit être garni d'un peu de coton.

Le collodion se trouve aussi toujours filtré, et quand le premier flacon est épuisé, on prend le second en ayant soin d'ajouter au collodion quelques gouttes d'éther et d'alcool pour lui rendre ce qu'il a perdu par l'évaporation.

On attend dix ou douze secondes en été, le double en hiver avant d'immerger la glace dans le bain d'argent, pour laisser à la couche le temps de se raffermir. Si on opérait avec trop de précipitation le collodion se mélangerait avec le bain sensibilisateur.

SENSIBILISATION DU COLLODION.

3° Le bain d'argent filtré avec soin, est versé dans une cuvette à recouvrement. On soulève la cuvette pour refouler le liquide sous la partie recouverte. On appuie le haut de la glace sur le fond du récipient et on laisse la masse liquide revenir d'un seul coup à l'autre extrémité de la cuvette. Le glace doit être recouverte sans point d'arrêt, par le liquide, surtout si on n'avait pas laissé au collodion le temps de se former en pellicule. Chaque point d'arrêt dans le recouvrement de la glace par le bain d'argent serait marqué par une ligne qui serait reproduite dans le tirage du négatif sur le papier. On laisse la glace cinq ou six minutes au repos sous le bain qui doit la recouvrir en entier. Pendant ce temps les iodures se combinent avec l'azotate d'argent.

On soulève ensuite la glace avec le crochet en argent. On remarque alors sur toute la surface collodionnée, des lignes huileuses qu'on fait disparaître en plongeant la glace dans le bain et en la relevant alternativement avec le crochet.

La glace ne peut être mise dans le châssis que lorsque le bain d'argent coule en nappe régulière sur le collodion.

On la prend alors avec les doigts par un angle et on la laisse égoutter en la soutenant au-dessus de la cuvette.

On ouvre le châssis de la chambre et on la met en place, le côté collodionné en dessous.

On essuie le côté qui fait face à l'opérateur avec un tampon en papier de soie, et on enlève le collodion qui a pu couler sur le revers de la glace.

La glace au sortir du bain est opaline et quelquefois d'un blanc opaque. Ces deux couches, suivant le cas, donnent de bons négatifs. Le mat plus ou moins accusé de la couche tient souvent à la nature de l'iodure employé et quelquefois au dosage du même produit.

On doit recouvrir la glace dans le châssis avec une feuille de papier de soie ou de buvard blanc. Ce papier reçoit l'écoulement du bain sensibilisateur et les réductions d'argent sont moins à craindre.

Il y a réduction et tache sur le négatif quand

la glace, pendant l'exposition, sèche sur certains points. Cet accident rare en hiver, se produit assez régulièrement pendant les fortes chaleurs, si par défaut de lumière la pose doit être longue.

Sous le bain de fer, les réductions qui ne sont qu'un excès d'azotate d'argent forment des taches qui obligent à recommencer le travail.

4° L'opération qui précède et celles qui vont suivre exigent l'obscurité la plus complète. Mais nous avons dit qu'on pouvait les faire à la lumière d'une bougie, ou garanti par des verres jaunes qui arrêtent la lumière blanche.

On ferme le châssis et on s'occupe de la pose. On met d'abord le modèle au point.

On adapte ensuite le verre dépoli à la chambre noire, et avec un voile en drap noir on recouvre l'arrière de l'appareil. Le voile doit retomber sur les épaules de l'opérateur qui le ramasse pour ne laisser pénétrer aucune lumière sur le verre dépoli.

L'image de la personne qui pose se reproduit sur le dépoli du verre, et protégé par le voile qui intercepte le jour, l'opérateur distingue cette image dans ses moindres détails.

Le point important c'est que l'image ait une netteté absolue sur le verre dépoli. On y arrive en attirant à soi le soufflet de la chambre noire, ou en lui imprimant un mouvement contraire. On s'assure enfin de la parfaite netteté de l'image en s'aidant de la crémaillère de l'objectif. Quand le point est déterminé, on serre la vis du soufflet.

Bien qu'on ait pris toutes les précautions voulues, il est bon avant d'opérer de s'assurer que la mise au point n'a pas été dérangée, si la mise au point a été faite un peu avant la pose.

Il est difficile de mettre au point sans l'aide d'un instrument appelé *loupe de mise au point*. On la règle sur sa vue en l'appliquant sur un verre ou sur un positif par transparence. La monture de l'appareil doit porter sur le positif ou sur le verre, c'est en quelque sorte une mise au point générale. On allonge ou on raccourcit la loupe et on s'arrête quand les grains de poussière fixés sur le verre, se montrent dans toute leur netteté. On fixe alors l'appareil auquel on n'a jamais plus besoin de toucher. Cette loupe grossit les objets et en l'appliquant sur le verre dépoli de la chambre noire, on voit mieux que par la simple vue, si tous les détails du modèle sont bien dessinés.

Pour mettre au point avec certitude, on remarque par exemple si les cheveux sont nettement accusés ou si la prunelle de l'œil se dessine sans trouble sur le verre dépoli.

De la pose. — Dans un paysage la mise au point est facile. Il suffit de donner la plus grande netteté possible au premier plan. Car avec les nouveaux objectifs, le globe-Lens, par exemple, le paysage en entier est toujours net sur le verre dépoli, dans toutes les parties distantes de plus de dix mètres de l'objectif.

Le cas n'est pas le même quand on reproduit un groupe ou un portrait. L'objectif double et à court foyer dont on se sert, ne couvre qu'un espace restreint et déterminé. Il faut donc placer les personnages sur une ligne parallèle. Si on formait le groupe en demi-cercle, les personnes les plus rapprochées de l'instrument, manqueraient de netteté sur le verre dépoli, quand on voudrait mettre au point le sujet qui occuperait le cercle de la demi-circonférence.

Si on fait poser une personne seule, on prendra des dispositions telles que les membres soient rapprochés le plus possible du corps. Le bras, par exemple, appuyé sur une table, ne doit pas être porté trop en avant. On le ramène vers la poitrine sans donner pourtant au modèle une pose disgracieuse et guindée. En règle générale, l'objectif exige l'alignement militaire, c'est par le tact qu'on apporte à la pose que l'exception est permise.

Le peintre juge un tableau par le fini des mains. Le connaisseur est à cheval sur ce principe.

Le cas est le même en photographie. Il n'y a pas de bonnes épreuves si les mains sont déformées. C'est la partie la plus difficile à reproduire, et en effet, la main quelle que soit la pose est toujours plus rapprochée de l'objectif que le reste du corps. Le raccourci en photographie est une étude délicate, mais on arrive par l'habitude et par le goût à corriger les imperfections de l'objectif.

Les nouveaux instruments mieux combinés rendent cette tâche plus facile.

DU TEMPS DE POSE.

Il est impossible de préciser le nombre de secondes nécessaires pour impressionner une plaque sensible.

Le portrait qui se fait à l'ombre et qui offre d'autant plus de modelé et de douceur que la lumière est plus faible, exige un temps de pose plus long que le paysage. On doit l'obtenir en quinze ou vingt secondes au plus avec la demi-plaque. En bonne lumière, en plein air par exemple, l'impression est suffisante après sept ou huit secondes de pose. Il faut quelquefois une minute si l'objectif a de grandes proportions. Indépendamment de l'objectif, le temps de pose dépend aussi du bain d'argent et du collodion.

La pose est la même pour le paysage, mais en été et par une lumière vive, l'opération est instantanée. On ne doit découvrir l'objectif que pendant une ou deux secondes, si on opère au collodion humide avec un objectif double.

Avec le verre simple, on peut compter de quatre à huit secondes au soleil et vingt secondes si le temps est couvert.

Nous allons voir en parlant du développement, comment on reconnaît le manque ou l'excès de pose.

Quoiqu'il en soit, on prévient le modèle, en cas de portrait, que l'opération est sur le point de commencer.

On dispose l'appuie-tête en ayant soin de masquer dans l'arrangement de la pose la tige qui soutient la tête. On s'assure que les mains sont en place et les doigts arrondis. Quand une dame pose, il faut apporter un soin extrême au détail, et ne négliger aucuns plis de la robe. Le regard doit être réglé sur un point quelconque qu'on désigne au modèle. Il doit être à la hauteur de l'objectif à droite ou à gauche.

On prévient la personne qu'elle peut battre la paupière sans nuire au résultat de l'opération et respirer librement et sans gêne. La moindre contrainte dénature l'expression du modèle et le portrait physiquement ressemblant s'écarte de l'expression du sujet. Il est bon d'engager le modèle à mouiller ses lèvres avant de découvrir l'objectif. La respiration devient plus facile. Enfin quand tout est prévu, on découvre la glace susdite et on prévient que l'opération est commencée.

Mais il ne faut enlever l'obturateur que quelques secondes après. Le dernier avis surprend toujours le modèle. On laisse passer le premier mouvement avant d'opérer.

La pose doit se faire à deux, car le seul moyen d'obtenir un portrait naturel et vivant, est de parler au sujet pendant les quelques secondes que dure l'opération. On avertit d'avance que la réplique est interdite. L'opérateur doit intéresser son sujet et s'en rendre maître. Il faut pour y réussir beaucoup de tact et de convenance. Le temps de pose en un mot doit passer inapperçu. C'est pendant ces quelques secondes que le photographe doit faire preuve de talent.

Les portraits d'enfants sont plus difficiles à

réussir et ils font le désespoir de l'opérateur. On ne doit se servir que d'objectifs à court foyer et aplanétiques. On captive l'attention de l'enfant avec un jouet quelconque et on arrête la pose au premier mouvement.

M. Bazin, photographe à Paris, a indiqué il y a longtemps un artifice qui permet de réduire considérablement le temps de pose. Il dispose sur la partie de la chambre noire qui porte l'objectif quatre ouvertures de quelques centimètres carrés. Ces ouvertures sont fermées par des verres rouges qui laissent pénétrer le rayon de même couleur dans la chambre.

On démasque les verres en même temps qu'on découvre l'objectif, et la lumière rouge combinée avec la lumière blanche qui pénètre par l'objectif, accélère la réduction. Le temps de pose est diminué de moitié.

Si on laissait agir la lumière rouge seule avant ou après la pose, le négatif serait voilé.

Pour le paysage, on perce une ouverture ronde dans un carré de gélatine colorée en rouge. Cette ouverture doit être de moitié moins grande que celle du diaphragme qui doit servir.

Quand l'objectif est découvert, la glace sensible reçoit en même temps la lumière blanche qui s'introduit par l'ouverture faite dans la feuille de gélatine, et la lumière rouge qui pénètre par l'excédant de la feuille de gélatine sur le diaphragme.

M. Melchior, de Marseille, a récemment appelé l'attention de la société sur ce fait intéressant. Il opère différemment.

L'obturateur dans son atelier est muni d'un verre opale, et en laisse agir la lumière diffuse pendant quelques secondes sur la couche sensible avant de faire poser le modèle.

A ce sujet, M. Franc de Villechole a constaté que le papier nitraté donnait de meilleurs résultats avec des négatifs faibles, si on exposait la feuille sensible à la lumière pendant dix ou douze secondes avant de l'imprimer sur le cliché.

Mais le débutant doit suivre la méthode régulière. Il pourra tenter les essais quand il sera sûr de lui.

Nous avons donné l'explication de ces faits dans une récente communication que nous avons faite à la société de Photographie, au sujet de la fixation des couleurs du spectre. Nous y reviendrons plus loin dans un aperçu sur la Photochromie.

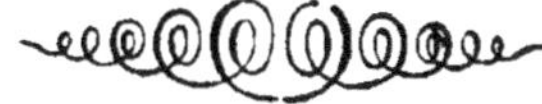

CHAPITRE VI.

Développement du Négatif

—

Après la pose, on rabat la planchette du châssis et on rentre dans le cabinet noir. Le développement se fait à l'abri de la lumière.

On peut révéler l'image en versant le bain de fer dans une cuvette dans laquelle la glace est immergée d'un seul coup.

Mais cette méthode, peu usitée, exige trop de bain de fer. Ce bain est perdu après le développement d'un seul cliché, car l'argent réduit passe à travers le filtre et pique ensuite les négatifs.

Il vaut mieux verser le fer dans un verre à expérience et le répandre d'un seul coup et avec adresse, de manière à couvrir sans point d'arrêt toute la surface de la glace. Il y a tache sur tous les points que le bain de fer n'a pas recouverts instantanément.

L'image se montre immédiatement, et le bain de fer a produit tout son effet après dix ou douze secondes.

On ne doit pas laisser le liquide stationnaire sur la glace. Par un mouvement régulier imprimé avec la main, on le dirige vers le haut de la plaque, et on le ramène ensuite vers l'extrémité opposée.

Quand on juge l'épreuve suffisamment venue, ce qui a lieu quand tous les détails sont accusés, on rejette le bain et on lave la glace à grande eau, sous le robinet de la fontaine du laboratoire.

Les lavages qui sont indispensables après l'emploi de chaque bain, se font à l'eau ordinaire.

Il est rare que le négatif soit terminé après le premier développement. Ce cas arrive cependant, quand le temps de pose est exact; mais il est presque toujours nécessaire de renforcer, soit en ajoutant au bain de fer quelques gouttes du bain d'argent à 3 0|0, soit en substituant l'acide pyro-gallique au fer.

Pour laisser une grande douceur aux demi-teintes dans les négatifs de portraits, on se borne ordinairement au bain de fer auquel on ajoute quelques gouttes du bain d'argent. On peut cependant renforcer le négatif à l'acide pyro-gallique.

On ne doit pas oublier que le cliché prend de l'intensité en séchant. On doit tenir compte de ce détail et ne pas trop charger les demi-teintes.

Il faut une grande habitude pour s'arrêter à point dans le développement. Le débutant fera bien de se procurer un bon négatif et de se guider sur ce type.

On emploie l'acide pyrogallique après le bain de fer pour renforcer les négatifs de paysage.

Quand on a des gravures à reproduire, on a recours au bi-chlorure de mercure, après que l'image a été révélée au bain de fer. Voici la for-mule du bain :

Eau . . . . 100 gr.
Bi-chlorure de mercure . . . 2 —

> Alcool . . . . 10 gr.

On commence par mêler le bi-chlorure à l'alcool pour en faciliter la dissolution et on ajoute l'eau après.

On pourrait s'en tenir là, mais il vaut mieux après avoir lavé la glace, passer sur le négatif un mélange à 5 0/0 de sulfhydrate d'ammoniaque et d'eau.

Le fond prend sous ce bain une très-grande intensité, et les clairs ne perdent rien de leur transparence si ce renforçage est conduit avec intelligence. Une gravure est une série de lignes noires sur un fond blanc. Or, sans l'emploi du bi-chlorure et du sulfhydrate, le papier sortirait toujours gris au tirage et la reproduction serait sans effet.

Le bi-chlorure et le sulfhydrate ne sont employés qu'après le bain de cyanure. Le négatif au moment de leur emploi, n'a plus rien à craindre de la lumière.

On ne négligera donc pas de n'employer le sulfhydrate qu'en dehors du laboratoire. Les émanations de ce produit altèreraient le bain d'argent et les papiers sensibilisés.

Hors ce cas, on passe le bain de cyanure quand le négatif paraît suffisamment développé.

Le cyanure a produit tout son effet et le cliché est fixé, quand la glace examinée au revers paraît entièrement dégagée de la couche opaline qui voilait l'épreuve. La couche de collodion est alors limpide et les blancs ont une grande transparence.

Il arrive souvent en été, par les grandes chaleurs, que les glaces se couvrent de réductions. Cet accident est produit par la sécheresse du collodion. Ces métallisations peu visibles après le passage du bain de fer, s'accusent avec plus de force pendant le renforçage à l'acide pyrogallique.

On peut avec une certaine dextérité atténuer les taches en les essuyant très-légèrement avec un peu de coton mouillé. Mais il faut avant d'y toucher, désioder la glace avec le cyanure. Ce bain rend le collodion plus ferme.

Il est d'usage quand l'opération est terminée de gommer les négatifs avec le mélange qui suit :

Eau. . . . . 100 gr.
Gomme arabique. . . . 5 —

Sucre candi . . . . . 1 gr.

La retouche se fait bien sur cette couche. On ajoute le sucre candi pour laisser plus de prise au crayon sur la couche.

Les négatifs simplement gommés peuvent servir au tirage si on ne désire qu'un petit nombre d'épreuves, mais il est plus sûr de les vernir.

On répand le vernis comme le collodion. Mais on chauffe légèrement au préalable la glace sur une lampe à alcool ou près du feu. On sèche ensuite le vernis de la même manière. La chaleur doit être modérée, car le vernis s'écaillerait plus tard si on élevait trop la température du verre.

FORMULES DE VERNIS PHOTOGRAPHIQUES

Alcool à 40° 1000
Gomme laque blanche desséchée. 80

On verse l'alcool dans un balon, on y introduit la gomme-laque, et si on a le soin de descendre le balon dans l'eau bouillante, la dissolution de a gomme s'opère en quelques minutes. On filtre ensuite le produit au papier.

ORDRE A SUIVRE DANS LES OPÉRATIONS

1° Nettoyer la glace.
2° Verser le collodion.
3° Sensibiliser au bain d'argent.
4° Exposer à la lumière.
5° Révéler l'image au bain de fer.
6° Renforcer à l'acide pyrogallique.
7° Désioder au cyanure.
8° Gommer le cliché.
9° Vernir.

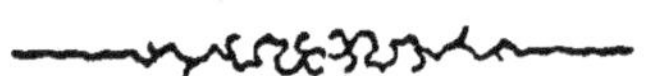

DEUXIÈME PARTIE

CHAPITRE VII.

Préparation du Papier sensible

—

C'est sur le négatif qu'on tire les épreuves positives sur papier. Le cliché négatif est un transparent qui peut donner un nombre illimité d'épreuves.

Le tirage doit se faire à l'ombre, que les épreuves soient dégradées ou non. Il ne peut y avoir exception que pour les clichés très-durs.

BAIN D'ARGENT POSITIF. KAOLIN.

On emploi dans le tirage photographique deux sortes de papier.

1° Le papier albuminé.

2° Le papier salé.

L'épreuve tirée sur papier albuminé est plus fine, car le brillant de l'albuminé atténue le grain naturel du papier.

Le papier salé est peu employé ; on s'en sert pour les épreuves destinées à la retouche ou au coloris. On prépare cependant depuis quelque temps des couleurs qui prennent facilement sur l'albuminé.

Le papier quel qu'il soit, est sensibilisé dans une demi-obscurité sur le bain suivant :

Eau distillée. . .   100 grammes.

Azotate d'argent cristallisé de 10 à 15 grammes et mieux 25 grammes.

Le bain est versé dans une cuvette en porcelaine qui ne doit servir qu'à cet usage. Après l'emploi, le bain est renfermé dans un flacon jaune et serré dans une pièce obscure.

On prend la feuille de papier albuminé et on applique le côté brillant sur la surface du bain ; le papier ne doit pas être immergé. On tient la feuille perpendiculairement à la surface liquide, on la fait porter par l'extrémité libre sur le bain et on la laisse descendre par son propre poids. On la relève ensuite pour s'assurer qu'il ne s'est pas formé de bulles d'air à la surface. Si le cas échéait, on crèverait les bulles avec un fragment de papier roulé, car le contact du doigt tacherait le papier.

La feuille albuminée ou salée doit rester de deux à trois minutes en contact avec le bain. Le papier salé est mat des deux côtés. On reconnait le côté préparé en l'appuyant sur la langue. C'est la surface salée qui doit porter sur le bain.

Le commerce fournit les papiers tout chlorurés. Voici l'effet du bain sensibilisateur sur le papier.

Le chlorure de sodium (sel ordinaire) ou tout autre chlorure qui entre dans la première préparation du papier se transforme sur le bain d'argent en chlorure d'argent et le sel étant très-sensible aux atteintes du jour, la lumière a la propriété de noircir la feuille en pénétrant à travers les clairs du négatif.

On enlève la feuille après le temps indiqué en la saisissant par un angle, on suspend le papier une demi-minute au-dessus de la cuvette pour recueillir l'excès du liquide et on le laisse sécher dans l'obscurité suspendu par un angle.

L'épingle qui sert à la piquer, si on n'a pas de pinces, doit être vernie.

Le contact du cuivre réduirait l'argent au point de contact et tacherait la feuille.

On ne doit se servir du papier sensibilisé que lorsque il est complètement sec. Quand on est pressé on peut le sécher près du feu.

Le papier nitraté ne se conserve pas. On doit l'employer le jour même ou au plus tard le lendemain. Il se colore, même dans l'obscurité surtout en été. Après quelques jours de préparation les épreuves qu'il donne virent mal et manquent de fraîcheur .

On peut obtenir un papier sensible plus stable en le nitratant sur le bain suivant :

Eau distillée. . . . 100 grammes.
Azotate d'argent . 5 ou 10 —
Acide citrique . . 5 ou 10 —

Ce papier se conserve blanc pendant 15 jours mais le virage est long et souvent irrégulier.

Le bain d'argent destiné au papier noircit rapidement, même dans l'obscurité. Il est nécessaire de lui rendre sa limpidité, chaque fois qu'on s'en est servi.

Il suffit d'y mêler quelques pincées de kaolin et de l'agiter. Le kaolin s'empare en quelques minutes des matières organiques.

On filtre après et le bain sort décoloré du filtre. Il conserve cependant une couleur rosée qui n'altère en rien les blancs de l'épreuve.

Comme il faut de toute manière filtrer ce bain dès qu'on s'en est servi, on le conserve blanc en employant toujours le même filtre au fond duquel on dépose 15 ou 20 grammes de kaolin. Le bain se trouve ainsi toujours prêt à servir.

IMPRESSION AU CHASSIS-PRESSE. DÉGRADATEUR

Pour tirer les épreuves, on ouvre le châssis-presse. On enlève la planchette et on applique le négatif sur la glace forte du châssis. Le côté du collodion est en-dessus. On place sur le cliché le papier sensible et sur le papier une feuille de buvard pliée en quatre pour assurer le contact. On remet alors la planchette et on rabat les barettes qu'on fixe. On porte enfin l'appareil à la lumière diffuse.

Il faut en général un quart d'heure si la lumière est bonne, une demi-heure quelque fois et souvent, l'hiver, une journée entière pour obtenir une épreuve.

On peut suivre du reste l'action progressive de la lumière sur le papier en relevant la planchette du châssis d'un seul côtè pour éviter tout déplacement.

On retire le papier et on le remplace par une autre feuille, quand l'épreuve paraît suffisamment venue. L'image doit être bien accentuée, un peu plus noire qu'on ne la désire car elle baissera plus tard dans les bains. L'épreuve est bonne à retirer du châssis quand les blancs commencent à se teinter légèremment. On tire un certain nombre d'épreuves avant de passer au virage.

On obtient les épreuves sur fond blanc à l'aide d'un dégradateur. Il est superflu de décrire cet appareil qui se trouve chez tous les fabricants de produits chimiques. Le dégradateur se place sur la glace du châssis de dehors. La lumière est tamisée par l'épaisseur différente du papier dioptrique et on obtient ainsi une ombre fondue autour du portrait. Le reste du papier garanti de la lumière reste blanc.

VIRAGE.

Avant d'être déposées dans le bain de virage les épreuves seront plongées dans une cuvette remplie d'eau ordinaire. Ce lavage enlève le nitrate d'argent non réduit.

Il est bon même de renouveler l'eau pour ménager le bain de virage qu'on préparera la veille.

BAIN DE VIRAGE

Eau ordinaire . . 1000 grammes.
Acétate de soude fondu. 20 —
Chlorure d'or. . . . 1 —
On laisse dissoudre l'acétate en agitant le chlo-

rure d'or préalablement dissout dans 100 grammes d'eau. Ce bain, au moment de sa préparation, est de couleur jaune citron, mais il blanchit après quelques heures et c'est alors qu'il faut l'employer.

Les épreuves en sortant du châssis et **après** le lavage ont un ton agréable qu'elles perdraient dans l'hyposulfite. Le bain d'or fixe cette coloration et la rend plus riche encore. L'argent se trouve transformé en or par le contact du bain et les épreuves en sortent plus stables et moins sujettes à s'altérer si les lavages sont réitérés.

Ce bain produit son effet en un quart d'heure plus ou moins suivant la température ; on peut le faire tiède en hiver dans une capsule en porcelaine. Un récipient en métal altèrerait la solution d'or.

On sera sûr que le ton violet ne sera pas modifié par l'hyposulfite si la couleur violacée s'étend régulièrement sur toute l'étendue de l'épreuve en l'examinant par transparence.

Il faut agiter sans répit les épreuves dans le bain de virage. Une excellente méthode consiste à prendre l'épreuve du fond et de la ramener en dessus en la retournant.

Il y a toujours dans la masse certaines épreuves qui sont plus lentes à prendre la coloration violette. On enlève les feuilles une à une à mesure que l'effet est produit. La surveillance doit être très-active sur la fin de l'opération. Le bain agit alors plus activement et les épreuves qui resteraient trop longtemps dans le virage prendraient un ton jaunâtre qui leur enlèverait toute leur fraîcheur.

BAIN D'HYPOSULFITE.

Le bain d'hyposulfite de soude fixe les épreuves. Le jour n'a plus d'influence sur le papier quand il sort de ce bain et voici pourquoi :

La lumière ramène le chlorure d'argent et par substitution le chlorure d'or à l'état métallique.

L'épreuve après le virage se trouve imprimée en or. Mais les parties blanches du papier qui n'ont pas été influencées subiraient, si on les exposaient au jour sans l'intervention de l'hyposulfite, une transformation analogue. Elles noirciraient.

L'hyposulfite de soude a la propriété de dissoudre les chlorures non réduits tout en respectant l'épreuve qui est passée à l'état métallique.

Ce sel n'agit donc que sur les blancs et dans ces parties il annule les opérations préalables. Il remet le papier dans son état naturel.

FORMULE.

Eau . . . . . 1000 grammes.
Hyposulfite de soude   100   —

Les épreves doivent rester dix minutes en contact avec le bain.

On s'assure que les sels d'argent non réduits sont dissous en examinant le papier par transparence. L'opération est terminée quand la feuille offre une surface régulière et sans granulation.

Il est bon de laver les épreuves qui sortent du virage avant de les mettre dans l'hyposulfite.

OBSERVATIONS.

C'est dans le virage des épreuves que les débutants échouent. Il y a deux points à observer et on ne saurait trop insister sur les détails qui vont suivre :

Il faut absolument trois cuvettes pour exécuter ces dernières opérations.

1° Cuvette au virage,

2° — à laver.

3° — à hyposulfite.

La cuvette destinée au virage et celle qui reçoit le bain d'hyposulfite doivent être marquées, et dans aucun cas on ne doit substituer l'une à l'autre.

L'hyposulfite de soude précipite l'or et il suffit de plonger dans le bain de virage le doigt qui a touché à l'hyposulfite pour décomposer le bain d'or et lui enlever sa propriété colorante.

Nous sommes persuadés d'avance que malgré cet avertissement le virage ne réussira pas dans bien des cas. On filtrera par exemple le bain d'or dans l'entonnoir qui sert à l'hyposulfite ; par suite du voisinage des cuvettes et du maniement des épreuves on projettera quelques gouttes du second bain dans le premier ou encore on prendra l'épreuve dans le virage pour la transporter dans l'hyposulfite. Les doigts toucheront à ce bain et on décomposera le premier par contact en prenant une deuxième épreuve.

11 est indispensable, si l'on doute du contact de la main avec l'hyposulfite, de la laver très-soigneusement avant de toucher au bain de virage.

La coloration des épreuves, opération très-simple en elle-même, n'est jamais satisfaisante dans les premiers débuts.

Les négatifs par défaut d'expérience sont presque toujours incomplets, par défaut de développement. Les épreuves dans ce cas n'offrent pas assez d'opposition entre les blancs et les noirs. Si on les tire trop on obtient une asse noire et pour éviter cet excès on insole trop peu. Il s'en suit que le virage n'a pas le temps d'agir et que les épreuves se trouvent presque effacées par le bain. On se hâte alors de les soustraire à l'action corrosive du bain d'or, et l'hyposulfite les ramène au ton jaune.

Nous conseillons au débutant de se procurer un bon négatif et de tirer quelques épreuves. Il s'assurera que les bains produisent les effets ordinaires quand le négatif possède l'opacité requise et il jugera par comparaison ce qui lui reste à faire.

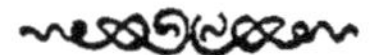

CHAPITRE VIII.

Lavages

—

Après le bain d'hyposulfite, il ne reste plus qu'à laver les épreuves.

On pourrait dire qu'il ne doit pas y avoir de limites au lavage.

On doit renouveler l'eau au moins deux ou trois fois de demi-heure en demi-heure. On laisse ensuite les épreuves toute une nuit dans l'eau fraîche, et le lendemain on change une dernière fois l'eau pour terminer et pour enlever les dernières traces d'hyposulfite. On sèche les épreuves à l'eau libre. On les étend sur une corde tendue. Si on les entassait quand elles sont humides, elles se tâcheraient infailliblement.

Les photographies qui n'ont pas été rigoureusement lavées, ne se conservent pas. Elles s'altèrent rapidement et l'hyposulfite qui reste emprisonné dans les pores du papier, attaque peu à peu le dessein qui finit par disparaitre après quelques années.

Les épreuves se conservent mieux si, après plusieurs lavages, on les immerge dans ·

Eau . . . . 1,000 gr.
Sel de cuisine . . . 200 gr.

Le chlorure de sodium en pénétrant le papier chasse l'hyposulfite dont il prend la place, et ce sel très-soluble est ensuite facilement enlevé par l'eau.

MONTAGE DES ÉPREUVES

On se sert de calibres en verres pour découper les épreuves. On pose le papier sur une glace forte ou sur une feuille de zinc. On applique le calibre sur l'épreuve et on la taille avec une pointe effilée. On fait glisser la lame en appuyant sur les arêtes du verre.

L'opération se fait ainsi sans tâtonnement et

on est certain de conserver le parallélisme des côtés, sans le secours de l'équerre qui ne sert que pour couper les grandes épreuves, ou celles qui s'écartent des dimensions usitées en photographie.

Dimensions normales photographiques.

1/4 de plaque	9 cent. sur		12
1/2 plaque	13	—	18
1/1 plaque entière	18	—	24
Extra plaque	21	—	27
—	24	—	30

COLLAGE

On colle les épreuves sur des cartons spéciaux qu'on trouve dans le commerce, coupés sur les mesures que nous venons d'indiquer.

On emploie la colle d'amidon fraîchement préparée. La gomme arabique peut servir, mais elle laisse des traces brillantes qui font tache sur le carton mat.

Pour obtenir un bon collage, sans plis et sans défaut, on doit d'abord presser la colle de pâte à travers un chiffon de mousseline qui arrête les corps durs et graniteux. On mouille légèrement les épreuves au dos par série, avec un tampon de coton. On passe ensuite la pâte avec un pinceau. On doit avant d'y appliquer l'épreuve humecter légèrement le bristol. Quand l'épreuve est en place on la recouvre d'une feuille de papier blanc et on presse dans tous les sens avec un chiffon blanc, pour chasser les bulles d'air et la colle en excès.

On promène enfin un tampon de coton imbibé d'eau sur l'épreuve et principalement sur les bords, pour enlever la colle qui en débordant a pu s'étendre sur l'épreuve.

Cette observation n'est pas sans importance. La plus belle photographie est sans valeur si elle n'est pas régulièrement coupée, et si le carton qui la porte n'est pas d'une propreté irréprochable.

PRESSE A SATINER. ENCAUSTIQUE

Une épreuve photographique n'est réellement

achevée que lorsqu'elle a reçu le glacé sous la presse à satiner. Les cylindres écrasent le grain du papier et atténuent les irrégularités du collage.

On donne un dernier lustre en passant l'encaustique dont la préparation suit :

Cire blanche. . . . . . . 10 gr.
Essence de térébenthine. . . 50 gr.
Mastic en larmes . . . . . 2 gr.

On fait fondre sur un bain de sable la cire et le mastic dans l'essence et on laisse refroidir.

On promène un bout de flanelle sur le produit et on l'étend sur l'épreuve. Il en faut très-peu.

On termine en essuyant l'épreuve avec une autre flanelle sans encaustique. C'est cette seconde friction qui donne le brillant.

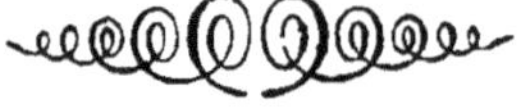

TROISIÈME PARTIE

—

CHAPITRE IX.

Des Clichés positifs

—

On obtient sur les négatifs des épreuves inverses sur verre à la chambre noire, qu'on nomme *positifs* par transparence , pour les distinguer des épreuves par réflexion. Les épreuves sur verre positives par réflexion qu'on transporte sur la toile cirée ou sur une plaque de métal recouverte d'un vernis noir n'offrent plus d'intérêt aujourd'hui. Le transport de ces épreuves sur papier porcelaine est le meilleur emploi qu'on en ait fait.

Il n'en est pas de même des épreuves positives par transparence. Elles jouent un rôle très-important en photographie. C'est par leur intermédiaire qu'on arrive au grandissement. Ces clichés inverses projetés par la lumière solaire, par la lumière électrique sur du papier ou sur des glaces sensibilisées, permettent de reproduire un portrait-carte ordinaire de grandeur naturelle.

Nous avons donné des détails trop précis sur le mode d'obtention de ce genre d'épreuve, soit qu'on se serve de la chambre noire, de glaces sèches ou du collodion-chlorure, etc. Nous renvoyons à nos monographies. Nous nous bornerons dans ce livre au positif par transparence obtenu à la chambre noire, et nous engageons le lecteur à consulter à ce sujet l'excellent ouvrage de M. Liébert.

Le positif par transparence, avons-nous dit, est pris sur un cliché négatif.

L'opération est très-simple quand on dispose d'un cabinet obscur. Sur le carreau qui doit seul laisser pénétrer la lumière, on dispose une serre de châssis enchâssés l'un dans l'autre, et correspondant chacun aux mesures des glaces usitées en photographie, le carreau doit être dépoli. On place le négatif dans le cadre. La lumière alors ne pénètre dans la chambre qu'à travers le négatif.

On dispose ensuite la chambre noire qu'on avance ou qu'on recule suivant les dimensions qu'on veut donner à l'épreuve, et on met au point sur le négatif qui se reproduit en positif sur le verre dépoli. Il est bon que le négatif reçoive la lumière directe du soleil, il doit être en tout cas fortement éclairé.

La glace est sensibilisée et développée comme pour obtenir un cliché ordinaire.

La pose varie entre deux ou quatre secondes, si le soleil éclaire le négatif. Quand la lumière est faible, il ne faut pas craindre de prolonger l'exposition pendant cinq ou six minutes.

Il vaut mieux, en tous cas, exagérer le temps de pose. On obtient alors des clichés positifs un peu gris, qu'on peut renforcer ensuite, mais qui reproduisent toutes les demi-teintes de l'épreuve primitive.

Ces positifs sont toujours voilés. Mais on leur donne une grande transparence en les virant au chlorure d'or. On emploie ce virage quand l'épreuve est fixée et après le dernier lavage. Il suffit de la couvrir du bain suivant qu'on promène sur la glace comme on le ferait du bain de fer qui a servi à révéler l'image.

Eau distillée . . . 250 gr.
Chlorure d'or. . . 1 gr.

Après un dernier lavage on laisse sécher l'épreuve qui ne doit pas être vernie si on la destine au grandissement.

Si on ne dispose pas d'un cabinet obscur, on peut obtenir le cliché positif dans un jardin ou dans un local bien éclairé. On ajoute une rallonge à la chambre noire en avant de l'objectif, et sur la glace dépolie qui doit faire le fond de cet appendice, on fixe le négatif avec de la cire à modeler ou avec des bandes gommées. Il faut dans ce cas se servir d'un objectif 1/4 à court foyer, car souvent le soufflet de la chambre ne comporte pas un développement suffisant.

AGRANDISSEMENT

Avec l'épreuve positive sur verre que nous venons d'obtenir, nous pouvons grandir à volonté le négatif d'origine; mais l'amateur doit se borner aux agrandissements de 24 cent. sur 30. Les photographes consulteront à ce sujet le traité de M. Liébert et celui du docteur Monkoven.

Le grandissement réussira d'autant mieux que le cliché positif aura des dimensions plus restreintes.

On transforme le cliché positif en négatif. de la dimension qu'on désire, par la même méthode qui vient d'être décrite et qui nous a donné le cliché positif.

C'est ce dernier qui sera fixé sur le carreau du cabinet obscur ou sur la glace dépolie de la rallonge de la chambre noire.

On mettra au point sur le positif et l'image projetée sur la glace dépolie de la chambre noire sera d'autant plus grande que l'objectif 1/4 sera plus rapproché du négatif à reproduire.

Une carte peut être agrandie sans qu'il soit

nécessaire de passer par le cliché positif. Mais il faut disposer dans ce cas d'une chambre noire qui ait un très-long tirage et se servir d'un objectif à très-court foyer. On met la carte au point et on recule le soufflet en lui donnant le développement nécessaire pour atteindre les dimensions qu'on s'est proposé d'obtenir.

Cette méthode est défectueuse. Le grain de papier grossi par l'appareil rend l'épreuve agrandie inacceptable. Les agrandissements en général exigent de grandes retouches, et l'amateur doit laisser au photographe les ennuis de l'agrandissement.

M. Liébert a fait faire un progrès sensible aux agrandissements en remplaçant le verre ordinaire qui reçoit le positif par un verre opale, et M. Lambert a breveté un système qui permet à l'aide d'une retouche intelligente d'obtenir de très-beaux résultats.

La chambre noire ordinaire est insuffisante pour l'agrandissement. Aussi a-t-on imaginé différents appareils qui laissent peu à désirer, mais qui sont d'un prix élevé. Nous citerons entre autres celui de M. Dubosc ou encore l'appareil du docteur Van Monkoven. Mais les instruments perfectionnés exigent en hiver l'emploi de la lumière électrique ou de la lumière oxhydrique.

L'agrandissement était resté jusqu'à ce jour la propriété exclusive de quelques maisons spéciales qui livraient aux photographes les épreuves agrandies de leurs négatifs.

Un nouveau système présenté depuis quelques mois à la Société de Photographie, a mis l'agrandissement à la portée du plus grand nombre. L'ingénieur Van Tenac, l'inventeur du réflectoscope, a bien mérité de la photographie. La lumière du magnésium suffit à toutes les opérations. On peut remplacer le magnésium par une lumière factice quelconque.

L'agrandissement qui était une opération délicate et ennuyeuse, devient par l'emploi de cet instrument un passe-temps agréable pour l'amateur et un travail fort simple pour le photographe.

Le réflectoscope offre un grand avantage sur tous les autres appareils d'agrandissement. Il permet de projeter à volonté les corps transparents et les corps opaques.

On peut donc à volonté, le portrait-carte étant pris comme base, projeter l'image jusqu'à concurrence de grandeur nature; soit du positif transparent pris sur le négatif, soit de l'épreuve collée sur carton.

Cet instrument réunit les avantages des autres systèmes sans en avoir les inconvénients; il peut être installé sans frais dans un coin de l'atelier et même dans un cabinet noir peu spacieux.

Le sujet à agrandir est mis au point avec une lampe ordinaire. On remplace cette lampe par la lumière du magnésium au moment de l'opération.

On peut en vingt-cinq ou trente secondes, obtenir sur glace collodionnée un cliché négatif, quelles que soient les dimensions du contre-type exigées pour la circonstance.

L'agrandissement d'une carte, sans passer par le positif sur verre, n'exige que fort peu de retouches.

Les dessinateurs et les peintres trouveront dans cet instrument un auxiliaire commode et sans précédent.

CHAPITRE X.

Procédé au Tannin. — Procédé Taupenot

—

Dans les deux procédés qui ne sont applicables qu'au paysage ou à la reproduction des monuments et des tableaux, les glaces ne sont pas employées au sortir du bain d'argent. On les laisse sécher et on peut les conserver sensibles pendant un certain temps. L'amateur, surtout en voyage, est dispensé par les méthodes de se charger d'un lourd bagage.

La chambre noire et quelques châssis d'une fabrication particulière suffisent aux opérations. On révèle les clichés au retour de l'expédition ou de la promenade, mais on doit le faire aussitôt qu'on le peut, car l'impression lumineuse perd de jour en jour. Aussi est-il bon d'exagérer le temps de pose si l'on prévoit qu'on ne pourra faire le développement que plus tard.

Il vaut mieux d'autre part employer les glaces préparées à sec le plus tôt possible, surtout dans le procédé au Tannin. Il est certain que les glaces sèches conservent très-longtemps leur sensibilité ; mais on est toujours sûr de réussir quand la sensibilisation est de fraîche date, et on a très-souvent des mécomptes avec les glaces qui restent trop longtemps sans emploi.

PROCÉDÉ AU TANNIN

Le Tannin peut être remplacé par différents produits similaires, mais il n'en résulte aucun avantage sérieux. Il y a exception pour l'acétate de morphine.

Quelle que soit en somme la solution préservatrice employée, les manipulations restent les mêmes.

Il ne faut rien changer à la préparation du collodion qu'on emploie. On pourrait cependant le rendre plus fluide et augmenter légèrement la dose de bromure.

Voici, du reste, une excellente formule :

Ether à 62°. . . . . 500 gr.
Alcool à 40°. . . . . 500 —
Coton azotique. . . . . . . 8 —
Iodure d'ammonium. . . . 4 —
   »   de cadmium. . . . 4 —
Bromure de cadmium. . . . 3 —

Pour donner plus d'adhérence sur le verre à la couche sèche, on peut recouvrir la glace avec une dissolution de caoutchouc naturel dans le Benzole.

Benzole . . . . . 100 gr.
Caoutchouc. . . . 2 —

Les glaces sont alors vernies à l'avance, et on ne verse le collodion que lorsque la couche de sûreté est complètement sèche.

Mais ce traitement n'est pas de rigueur, si après la sensibilisation, on a le soin de passer au pinceau du vernis à l'ambre sur l'arête des glaces quand elles sont sèches. Le vernis ne permet pas à l'eau, pendant le développement, de pénétrer entre la couche et le verre. On doit prendre les mêmes mesures pour renforcer un cliché trop faible si on l'a laissé sécher.

Quelle que soit la méthode adoptée, on sensibilise la glace dans le bain suivant. Un bain neuf donne toujours d'excellents résultats.

Eau distillée.   .   .   .   .   .   250 gram.
Azotate d'argent.   20   —
Acide azotique   .   .   .   .   .   3 gouttes.

Nous ferons observer que le collodion est plus adhérent si on mêle quelques gouttes d'ammoniaque liquide au mélange d'alcool et de tripoli qui sert au nettoyage des glaces.

Pour faciliter l'opération et pour économiser le temps, il faut disposer trois cuvettes en ligne : la cuvette au bain d'argent et deux autres récipients remplis d'eau distillée ou d'eau de pluie. L'eau ordinaire est impropre à ce lavage.

On sensibilise d'abord la glace collodionnée. Du bain d'argent, elle passe dans la première cuvette. On replonge une seconde glace dans le bain sensibilisateur, et on profite des quelques minutes d'attente pour reprendre la glace qui se dégorge dans la première cuvette pour la porter dans la seconde. Le verre qu'on a laissé dans le bain d'argent passe alors dans la première cuvette, et une troisième glace la remplace dans le bain d'argent. Les trois cuvettes sont alors occupées, et cet ordre doit être suivi pendant tout le temps de la sensibilisation.

A ce moment, on prend la première glace collodionnée qui occupe la troisième cuvette, et on la lave largement sous le robinet de la fontaine. Tout le succès repose sur ce lavage consciencieux et abondant.

On répand après sur la glace qu'on laisse égoutter pendant sept ou huit secondes, la solution de Tannin dosée comme il suit :

Acide acétique. . .	50	gr.
Tannin	30	—
Bière.	500	cent. cub.
Eau	500	—
Alcool	50	gr.

On verse d'abord l'acide acétique sur le tannin pour hâter la dissolution du produit, puis on ajoute l'eau et l'alcool, et on filtre. Cette solution manque toujours de limpidité, mais peu importe. Versée dans un verre à expérience, la solution est ensuite répandue sur la couche de collodion en nappe abondante. On la promène en tous sens sur le verre, on la reçoit de temps en temps dans le verre à expérience pour la remettre de nouveau sur la couche collodionnée. La couche est suffisamment pénétrée quand le tannin en solution coule en nappe unie sans laisser de larmes. Il suffit d'une demi-minute pour obtenir ce résultat.

On ne lave pas sur le tannin ; on laisse sécher les glaces, appuyées par un angle, sur une feuille de papier buvard qui absorbe l'excès d'eau, ou sur un égouttoir à rainure. Les glaces, pour sécher convenablement, doivent être écartées l'une de l'autre, et avoir le plus d'air possible. On doit rejeter celles qui n'offrent pas une surface très-régulière quand elles sont sèches. Il est inutile d'ajouter que la pièce qui sert de séchoir doit être complètement obscure. Dans les préparations à sec, il faut surtout avant la pose se défier de la lumière de la bougie, qui suffit pour voiler les négatifs.

La boîte qui sert à transporter les glaces ne peut en aucune manière servir de séchoir. Les glaces qu'on y renfermerait à l'état humide seraient infailliblement perdues.

On ne doit les mettre en boîte que lorsqu'elles sont complètement sèches, quoique le tannin puisse suffire à toutes les exigences. Voici cependant le dosage de l'acétate de morphine :

Eau. . . . . 1,000 gr.
Acétate de morphine. . .   4 —

L'acétate de morphine est un produit dangereux. Il a pour lui d'abréger d'un quart le temps de pose et de donner des négatifs moins heurtés que le tannin.

DÉVELOPPEMENT

Nous avons dit que les glaces sèches devaient être développées le plus tôt possible. On consolide d'abord la couche en passant du vernis à l'ambre sur les arêtes du verre. Ce vernis sèche instantanément.

La glace est mise après dans une cuvette pleine d'eau ordinaire qui ramollit le collodion. Le bain révélateur peut alors pénétrer régulièrement la couche.

Le développement des glaces sèches est fort simple, mais il exige un peu de patience.

On pourrait à la rigueur développer un négatif en une minute, mais le cliché aurait tous les défauts qu'on reproche au collodion sec. Les épreuves seraient dures et heurtées.

Si par contraire l'opération est conduite avec une sage lenteur, les épreuves sont pareilles à celles que donnent les négatifs obtenus par voie humide.

Quand l'eau a pénétré la couche, on reprend la glace et on la couvre de la solution suivante d'acide pyrogallique :

<pre>
Eau. . . . . . .   250 gr.
Acide pyrogallique. .   1 —
Acide acétique . . .   10 —
Alcool. . . . . .   10 —
</pre>

Ce liquide doit rester une demi-minute sur la glace, on le reprend ensuite dans le verre à expérience pour le reporter à plusieurs reprises sur la couche de collodion. On n'aperçoit cependant aucune trace d'image.

Le dessin se révèle subitement quand on ajoute au bain d'acide pyrogallique quelques gouttes du bain d'argent qui suit :

> Eau. . . . . . . 100 gr.
> Azotate d'argent. . . 2 —
> Acide acétique . . . 5 —

Il faut être prudent dans l'emploi du bain d'argent. On ne doit en verser d'abord qu'une ou deux gouttes dans le verre à acide pyrogallique, et on n'augmente la dose qu'autant que le négatif reste trop longtemps stationnaire.

Si on employait trop d'argent au début du développement, le négatif serait heurté sans demi-teintes et criblé de points.

OBSERVATION

Dans l'emploi des glaces sèches, le temps de pose offre une certaine latitude à l'opérateur. L'essentiel est d'insoler suffisamment, mais l'excès n'est pas absolument nuisible, s'il n'y a pas trop d'exagération.

On parle souvent de collodion sec instantané, il vaut mieux ne pas y croire et se tenir dans une pose moyenne de cinq à dix minutes en plein soleil, suivant la saison, pour les monuments en se servant de l'objectif simple.

Si on prend des vues sous bois, même avec une bonne lumière, on prolongera l'exposition le plus longtemps possible. On corrigera l'excès s'il y a lieu au développement.

Le point important est d'impressionner suffisamment les glaces. Il n'y a pas de remède, au contraire, si la pose est insuffisante.

Les glaces préparées la veille sont très-sensibles, et une exposition de deux à quatre minutes au soleil est suffisante. Mais ce temps pourra être doublé sans crainte si la sensibilisation remonte à huit jours.

On doit renoncer à opérer si le vent souffle. Les arbres agités manquent de netteté.

On obtient les meilleurs négatifs de monuments quand le soleil est légèrement voilé. Les ombres sont mieux fondues. En général, une lumière douce est excellente pour l'emploi des glaces sèches. Les négatifs sont plus fouillés quand l'impression se fait lentement.

On peut obtenir un intérieur quelconque, quelque faible que soit la lumière, si l'appareil installé dans une place libre peut y séjourner sans déplaplacement pendant deux ou trois jours.

Il faut en tous cas deux ou trois heures pour reproduire l'intérieur d'une salle bien éclairée.

Les amateurs sont trop souvent induits en erreur par les livres écrits par des personnes peu expérimentées et par ce qui leur est raconté par des opérateurs peu sincères.

Les insuccès qui les découragent, quand ils emploient les glaces sèches, sont dus presque toujours au manque de pose.

Nous avons certes sur la matière une expérience suffisante, appuyée sur des essais faits pendant de longues années. Nous avons pris des vues extérieures ou à l'intérieur, côte à côte, avec les éditeurs les plus connus.

Les uns employaient les glaces en tannin,

d'autres, se servaient du procédé Taupenot, ou de glaces à l'albumine, mais dans tous les cas, le temps de pose que nous avons indiqué était rigoureusement observé.

Sur les glaces sèches, l'image après la pose se trouve souvent visible avant tout développement.

Si l'exposition a été faite par une lumière peu intense, on est certain dans ce cas d'obtenir un excellent négatif en développant avec les bains indiqués coupés de moitié d'eau. La pose est exagérée si elle a été faite sous un soleil ardent ; cependant, dans ce dernier cas, on peut amener un bon négatif si on a le soin de développer l'épreuve avec des bains excessivement faibles.

Après le développement on fixe le négatif au cyanure ou à l'hyposulfite.

On a imaginé plusieurs appareils pour recevoir les glaces sèches et pour les transporter en plein air à l'abri du jour.

La boîte à escamoter est assez commode pour les verres de petites dimensions, et encore le mécanisme est sujet à se déranger.

Les châssis en bois léger sont préférables. On

les manie plus aisément. Il ne faut pas se charger d'un bagage inut'le. Six châssis renfermant chacun une glace, suffisent largement au besoin de la journée.

Faute d'expérience, on se trompe souvent dans le choix des sites qu'on doit reproduire.

Quand on embrasse trop d'espace, les épreuves manquent d'effet.

C'est le premier plan qui donne toute la valeur au tableau. Si on peut y réunir un arbre, un rocher et une nappe d'eau, le tout à une distance de dix mètres de l'objectif, les objets fixeront l'attention en se détachant par leur opposition ferme et accentuée sur le fond du deuxième et du troisième plan.

Il n'est pas nécessaire que ces accidents aient de grandes proportions, si petits qu'ils soient, ils peuvent toujours caractériser le premier plan. On leur donne au besoin une valeur proportionnée à l'ensemble du paysage en rapprochant l'objectif.

La nature dispose de ressources immenses pour l'arrangement de ses tableaux. Ses vues d'ensemble nous étonnent toujours. Au loin, la forêt n'est qu'une tache obscure sur le flanc de la montagne, et le plus grand fleuve scintille comme un mince sillon d'argent. Mais ces accidents immenses ne forment plus que des points à peine visibles sur la glace photographique, qui ne saurait dans un espace trop restreint condenser des tableaux d'une étendue considérable. La nature les a fait tels qu'ils doivent être pour charmer les yeux, mais nous ne pouvons les reproduire qu'en détail.

CHLOROPHILE

Les clichés de paysage laissent toujours à désirer dans certaines parties, les verdures, les fleurs, et les feuilles rouges et jaunes, manquent généralement de détails au tirage. On rencontre les mêmes difficultés dans la reproduction des tableaux et des aquarelles. Les couleurs jaune, rouge et verte sont peu photogéniques. Le chlorophile mêlé au collodion vient en aide dans ce cas. Le commerce ne fournit pas ce produit, mais on peut le préparer comme il suit :

Toutes les plantes le renferment en principe. On l'obtient aisément en soumettant une plante vulgaire de la famille des chénopodées, l'épinard ; à une ébulition de quelques heures dans l'eau.

On presse ensuite la plante pour en exprimer toute l'eau qu'elle peut rendre. On jette les feuilles pressées et encore humides dans l'alcool qui se colore en vert. Quelques gouttes de ce liquide mêlées au collodion rendent l'iodure et le bromure d'argent très-sensibles aux rayons rouge, jaune et vert.

PROCÉDÉ TAUPENOT

Le procédé Taupenot est la méthode par excellence pour l'emploi des glaces à sec. Il consiste à sensibiliser une couche de collodion et à le doubler ensuite d'une seconde couche d'albumine iodurée, qui doit passer une seconde fois au bain d'argent. Le collodion albumine est beaucoup plus rapide que l'albumine pure, et on évite en outre les difficultés inhérentes à l'extension de l'albumine sur la glace. Les verres préparés par la méthode Taupenot conservent leur sensibilité pendant une année, et les négatifs ne sont pas sujets à se tacher pendant le développement. La sensibilité des glaces préparées de la veille égale presque la sensibilité du collodion humide.

Après quelques jours, cependant, on doit se conformer au temps de pose indiqué dans le procédé au tannin.

Tous les collodions peuvent être employés. On sensibilise la glace, on la lave à l'eau distillée et ensuite à l'eau ordinaire, comme si on devait employer le tannin qu'on remplace par une couche d'albumine dont la préparation suit :

     Blanc d'œuf. . . .   100 cent. cub.
     Eau distillée. . . .   25   —
     Iodure de potassium.   5 gr.

On bat le tout en neige et on laisse reposer pendant vingt-quatre heures. On décante alors la partie liquide. On doit retirer avec soin le germe des œufs avant de les battre en neige.

On prend la glace qu'on a laissé égoutter pendant quinze ou vingt secondes, et on la recouvre d'une petite quantité d'albumine qu'on ne recueille pas. Cette première opération a pour but de chasser l'eau de la glace.

On verse une seconde fois l'albumine sur la glace collodionnée. L'excès est reçu dans un verre à part. Il sert au premier albuminage de la deuxième glace.

On pose ensuite les glaces sur des doubles de papier buvard et on les laisse sécher. On peut les conserver longtemps dans cet état dans des boîtes à raînures et à l'abri de la poussière.

La seconde sensibilisation ne se fait qu'au fur et à mesure des besoins.

Quand le moment de les employer est venu, on les soumet au bain suivant :

Eau distillée. . . 100 cent. cub.

Azotate d'argent. . 10 gr.

Acide acétique . . 10 —

Le bain doit les recouvrir d'un seul coup sans temps d'arrêt. La durée de l'immersion ne doit pas dépasser une minute.

Les glaces sont ensuite lavées à l'eau distillée, puis à l'eau ordinaire et on les expose quand elles sont complètement sèches.

Le développement se fait comme dans le procédé au tannin.

NOUVEAU DÉVELOPPEMENT ALCALIN

Nous conseillons d'une manière toute particulière le développement alcalin qui suit pour les glaces sèches au tannin.

Ce traitement, qui est également bon pour les glaces humides, permet de diminuer le temps de pose de moitié. Il n'y a rien à changer dans les deux cas à la préparation des glaces.

Les glaces au tannin acquièrent, par l'emploi des bains qui suivent, toutes les qualités qui leur manquaient. La méthode est en quelque sorte transformée ; on évite surtout les empâtements dans les noirs et les piqûres innombrables qui sont la conséquence d'un développement en quelque sorte instantané.

N° 1.

Ammoniaque liquide. .	6 gouttes.
Eau distillée	100 cent. cub.

N° 2.

Bromure de potassium. .	5 centig.
Eau distillée	100 cent. cub.

N° 3.

Acide pyrogallique. . .   5 centig.
Eau distillée. . . . .   100 cent. cub.

Après avoir mouillé la glace insolée, on mêle les trois solutions dans les proportions qui suivent :

N° 1. . . . .   10 gouttes.
N° 2.   10   —
N° 3. . . . .   15 cent. cub.

Ces données sont exactes. Il est évident qu'une goutte de plus ou de moins ne gênerait en rien le développement.

Un compte-goutte règle très-bien ces proportions qui ne sont pas assez fortes en volume pour certains produits, pour être données en centimètres cubes, et la quantité de liquide qui résulte des mélanges suffit au développement d'un grand nombre de glaces.

Quand l'image est bien accusée, on lave le négatif et on continue le développement, suivant la méthode ordinaire, c'est-à-dire en employant l'acide pyrogallique et le bain d'argent à 2 0/0.

7.

PROCÉDÉ RÉCENT DE COLLODION SEC INSTANTANÉ

Cette méthode est généralement adoptée aujourd'hui.

TANNIN

Il n'y a rien à changer à la formule donnée à la page 101.

COLLODION

Ether . . . . . . 50 cent. cubes
Alcool . . . . . 50 — —
Bromure de cadmium . 1 gram. 25
Coton azotique . . . 1 gram.

BAIN D'ARGENT

Eau distillée . . . 500 cent. cubes
Azotate d'argent crist. 60 gram.

OBSERVATIONS

Les glaces doivent rester 5 ou 6 minutes et même plus longtemps dans le bain d'argent. Le bromure est long à se combiner avec l'argent.

La glace, au sortir du bain d'argent, passera dans 3 cuvettes d'eau distillée et on la lavera ensuite largement à l'eau ordinaire. Il est essentiel qu'il ne reste pas trace d'argent libre sur la couche.

On ne posera pas plus de 3 ou 4 secondes.

DÉTAILS A OBSERVER

Dans le développement, avant toute opération, on mouille la glace et on la couvre ensuite d'un peu d'eau alcoolisée pour ramollir la couche. On lave après à l'eau distillée jusques au moment où ce liquide coule librement. On soumet enfin l'épreuve négative au développement alcalin et après lavage on termine par le bain pyrogallique acide.

CHAPITRE XI

Procédé au charbon

—

Les épreuves au sel d'argent ne seront jamais surpassées en finesse et en modelé par aucun autre procédé. Mais ces épreuves n'ont qu'une durée très-limitée, et quoiqu'on en dise, elles sont destinées à disparaître en quelques années.

L'expérience a si bien renseigné sur ce point que des recherches de toute nature ont été faites en vue d'assurer la durée de l'impression photographique. Nous sommes redevables à MM. Poitevin, Laborde, Fargier, Swan, Jeanrenaud, d'une méthode qui supprime les sels d'argent, remplacés dans le procédé au charbon par le bi-chromate d'ammoniaque ou de potasse. Combinés avec la gélatine colorée par des matières inertes : Encre de chine, sépia, sanguine, etc.

Les épreuves au charbon ne sont pas à tout prendre indélébiles, mais l'albumine coagulée qui retient et qui fixe les matières colorantes, offre certaine garantie de durée.

Ce procédé, toutefois, qui n'était qu'une transition entre le tirage au sel d'argent et le tirage aux encres grasses, a perdu dès aujourd'hui toute son importance et toute sa valeur.

La phototypie ou l'impression sur gélatine que nous avons décrite dans une monographie spéciale, annule tous les procédés de transition qui ont concouru à l'application de cette dernière méthode.

L'impression sur gélatine est le complément de l'art photographique.

Les épreuves phototypiques ne surpassent pas en finesse celles qu'on obtient par l'emploi des sels d'argent ou par le procédé au charbon, car les limites de la perfection ont été atteintes dans les deux cas.

Mais les épreuves sorties de la presse qui ne

craignent aucune comparaison, ont pour elles la durée.

Ce tirage permet de multiplier rapidement et sans temps d'arrêt la reproduction du négatif. Le photographe est indépendant de la lumière et le prix de revient se trouve considérablement réduit sous le rapport du temps et des produits employés.

Quoiqu'il en soit, voici la méthode au charbon telle qu'elle est pratiquée aujourd'hui.

Le papier préparé au charbon se vend dans toutes les maisons de produits chimiques, MM. Alker et Chotteau, à Bruxelles, apportent un soin spécial à cette fabrication, et ce qui nous est fourni par cette maison a toujours satisfait notre clientèle.

Mais chacun peut sans difficulté préparer son papier d'après les indications suivantes :

On dissout au bain-marie :

Gélatine	10 gr.
dans Eau ord.	100 —
et on ajoute Glycérine	25 —
ou Sucre	5 —

nous préférons ce dernier produit.

C'est la formule indiquée par M. Jeanrenaud. On a dit bien du mal des gélatines françaises, et nous constatons ici qu'elles sont les meilleures. Pour notre procédé de phototypie, nous avons essayé les produits de tous les pays. Nous avons fait des expériences analogues en vue du procédé au charbon, et sans arrière-pensée, et après examen, nous avons adopté la gelatine fabriquée à Paris. Les qualités les plus ordinaires ne laissent même rien à désirer. Ce qui fait le plus souvent défaut dans l'application, c'est le manque d'expérience.

On ajoute à la mixtion une matière colorante quelconque : encre de chine liquide, sanguine, sépia, purpurine, suivant le ton et la couleur qu'on a en vue.

Il arrive souvent que certaines matières colorantes rendent la gélatine insoluble par leur combinaison avec l'acide chromique. En tenant compte de l'observation très-curieuse de M. Jeanrenaud, on est certain d'éviter cette première cause d'insuccès.

Il suffit de mêler 2 ou 3 °/₀ de bi-chromate à

la matière colorante, et de soumettre les deux produits à l'ébulition. On filtre après. On élimine le bi-chromate qui est soluble par un lavage prolongé sur le filtre, et quand l'eau n'est plus teintée, on incorpore la matière colorante à la gélatine. Il est superflu de dire que les matières solides, comme la sanguine, le noir de fumée, etc., exigent un broyage minutieux à la molette.

La quantité de matière colorante doit être telle qu'une goutte de gélatine vue par transparence, doit accuser une teinte vigoureuse, tout en laissant à la lumière le pouvoir de la pénétrer. Si la goutte était opaque, il y aurait excès de colorant.

Pour préparer les feuilles de papier au charbon, on met une glace d'aplomb à l'aide d'un niveau d'eau. On mouille le verre avec une éponge, et on y applique une feuille de papier d'un encollage moyen. On reprend l'éponge pour étendre la feuille et pour chasser les bulles d'air. On relève les bords du papier au moyen de règles en bois, et on lui fait prendre la forme d'une cuvette. On y verse la gélatine sur une épaisseur d'un millimètre.

On reprend la feuille quand la gélatine est figée,
et on la suspend dans un courant d'air pour activer la dessication.

BAIN SENSIBILISATEUR

Pour rendre le papier au charbon sensible, on
l'immerge totalement dans :

Eau. .   .   .   .   .   .   1,000 cent. cub.
Bi-chromate d'ammoniaque, 20 grammes.

Le séjour du papier dans le bain ne doit pas
dépasser deux minutes. Pour régulariser la péné-
tration du liquide, on retire la feuille, on passe
un blaireau trempé dans le bi-chromate sur la
feuille, et on la replonge pendant quelques secondes dans la cuvette. On suspend le papier dans
l'obscurité en le piquant par le haut avec quelques épingles sur un des rayons du laboratoire.
La feuille doit être librement suspendue.

Le papier doit être employé le lendemain de
la sensibilisation, dans ces conditions le succès
est à peu près certain. Mais le papier qui reste
plus longtemps sans emploi, quoique on en dise,

n'offre aucune espèce de garantie. La solubilité de la gélatine diminue d'heure en heure. Nous avons manipulé trop longtemps la gélatine et le bi-chromate pour adopter une opinion contraire. Cette question, du reste, a été débattue à la Société de Photographie, et on est tombé d'accord sur ce point.

La feuille sensible est appliquée sur le négatif comme le papier albuminé. La pression ne doit pas être trop forte. La mixtion au charbon est de moitié plus sensible que le papier photographique ordinaire.

En été le papier au charbon manque souvent de souplesse après la sensibilisation quand il est redevenu à l'état sec. Il faut, dans ce cas, le laisser pendant quelques heures dans un milieu humide, dans une cave par exemple. Et si on craignait que par trop d'humidité, il eut quelque tendance à s'attacher au négatif, qui serait perdu dans ce cas, on passerait sur la surface sensible un blaireau promené sur du talc, sans se préoccuper des taches blanches qui se produiraient sur le papier.

Au soleil, le temps de pose varie entre 2 et 5 minutes, suivant l'intensité de la lumière et la vigueur du négatif.

On peut exposer à la lumière diffuse de 8 minutes à une heure. Nous conseillons pour le cas présent l'emploi du photomètre de M. Vidal, et la lecture du traité qu'il a écrit sur le procédé au charbon.

DÉVELOPPEMENT DE L'ÉPREUVE.

Avec un négatif ordinaire, on a une épreuve retournée. Il faut donc pour la première manière que nous sommes à même de décrire, ou se servir d'un cliché retourné, ou se contenter d'une épreuve en sens inverse de celle qu'on obtiendrait par le tirage au sel d'argent.

1re *Méthode*.

On retire le papier du châssis et on dispose une glace forte et tout près un rouleau d'imprimerie, neuf et qui n'a jamais touché à l'encre ; dans le cas contraire, on placerait une feuille de papier ordinaire sur le papier au charbon. On dispose à côté une cuvette pleine d'eau fraîche. On prépare enfin une feuille de papier albuminé ordinaire. On lui laisse des proportions plus grandes que celles de la feuille au charbon qui porte l'image latente.

La méthode la plus simple et la plus expéditive consiste à immerger complètement dans l'eau le papier au charbon qui doit rester cinq ou six secondes sous le liquide. On mouille rapidement sous l'eau de la même cuvette la feuille de papier albuminé qu'on applique aussitôt sur une glace forte. On enlève l'excès d'eau en l'épongeant avec une feuille de papier buvard. On en fait autant pour la feuille au charbon qu'on met immédiatement en contact avec le papier albuminé. On recouvre les deux papiers superposés d'une feuille de papier buvard, et on les presse à l'aide du rouleau.

L'épreuve au charbon peut dès-lors supporter le développement à l'eau chaude. Mais il faut auparavant coaguler l'albumine. On place les deux feuilles que la pression du rouleau a fixées l'une sur l'autre au fond d'une cuvette en porcelaine, et on les recouvre d'eau bouillante.

L'albumine du papier qui doit servir de support à l'image, est instantanément coagulée par la chaleur. L'immersion dans l'alcool produirait le même résultat. Par suite de l'action de l'eau bouillante ou de l'alcool, les parties de la mixtion au charbon insolubilisées par la lumière, resteront attachées à l'albumine sur laquelle l'eau chaude n'a plus de prise. Le restant de la gélatine inutile à l'épreuve est, au contraire, enlevé par l'eau chaude.

L'eau qui sert au développement et qu'il faut renouveler souvent, ne doit pas dépasser 40°. Il est cependant nécessaire, quand il y a excès d'exposition, d'élever quelquefois la température de l'eau jusque à 90°.

L'épreuve n'a pas eu une exposition suffisante quand les demi-teintes ne résistent pas au développement. Il y a excès contraire si l'épreuve est lente à se développer, et si le papier qui porte la mixtion colorante ne se détache pas avec facilité du papier albuminé. Il ne faut pas se hâter d'enlever la feuille au charbon. Il vaut mieux en imprimant un léger balancement à la cuvette faciliter la séparation des deux surfaces sans y porter la main.

On doit surveiller les demi-teintes vers la fin du développement et renouveler l'eau chaude. On y voit plus clair dans un milieu limpide.

Quand on est satisfait des détails et de l'ensemble, on prend l'épreuve et on l'immerge dans une autre cuvette pleine d'eau fraîche pour la laver. On renouvelle l'eau encore une fois en y ajoutant quelques centimètres cubes d'une solution d'alun pour coaguler la gélatine et lui donner une plus grande fixité. On met enfin le papier à sécher, et on colle plus tard l'épreuve sur carton.

Si on voulait obtenir des positives sur verre pour vitraux, il suffirait, après l'exposition au châssis-presse, de plonger la feuille au charbon dans l'eau et de l'appliquer vivement et sans attendre sur une glace. La superposition doit se faire sous l'eau. C'est le seul moyen d'éviter les bulles d'air qui glissent facilement sous la pression de la main.

On pose ensuite la glace et le papier qui la recouvre sur une table; on éponge l'excès d'eau avec une feuille de buvard qu'on renouvelle deux ou trois fois. On recouvre en dernier lieu l'épreuve avec une feuille de buvard sec, et on établit le contact exact des deux surfaces, verre et charbon, à l'aide du rouleau.

La glace est ensuite placée dans un châssis-presse. On pose par-dessus une nouvelle feuille de papier buvard sec, puis une glace, et on ferme le châssis qu'on laisse en repos pendant un quart d'heure au moins.

On développe après à l'eau chaude comme nous l'avons indiqué pour le papier albuminé.

L'image reste solidement attachée sur le verre, préalablement albuminé, mais la couche d'albumine peut être supprimée.

Il vaut mieux fixer l'épreuve sur un verre dépoli. L'adhérence est d'abord plus grande et l'épreuve vue par transparence produit plus d'effet.

2me *Méthode*

Les expériences récentes faites par M. Gobert
à la Société de Photographie, nous ont fait adopter
cette deuxième méthode, qui n'exige pas le retournement des clichés, ni l'emploi du papier au
caoutchouc. M. Audra a exécuté le premier ce
tour de main dans une séance antérieure pour
obtenir des positifs par transparence et par réflexion. M. Gobert a eu l'heureuse idée d'appliquer la même méthode au retournement de l'é-
preuve au charbon.

On remplace la glace qui sert de support définitif dans le premier cas par une planche de
cuivre planée et polie. Le support métallique n'é-
tant que transitoire, la plaque de cuivre peut servir indéfiniment si on a le soin de la sécher après
chaque opération et de la garantir de l'oxydation.

La feuille au charbon est appliquée sur le métal sous l'eau, comme précédemment ; on la traite
de la même manière, et on la met en presse dans
le châssis où elle doit sécher. Le développement
ne diffère pas non plus.

Pour détacher l'épreuve de la feuille de cuivre et pour lui donner son support définitif, on la plonge dans une cuvette d'eau fraîche, sans la laisser sécher, et on la recouvre sous l'eau de la feuille de papier albuminé. On la retire ensuite et avec un blaireau doux, on chasse les bulles d'air et on établit le contact en passant légèrement la main sur le dos du papier. Cela fait, on remet la planche de cuivre portant le papier albuminé dans la cuvette étanche, et on la recouvre d'eau bouillante pour coaguler l'albumine. On retire le tout après une demi-minute. On éponge l'eau avec quelques feuilles de buvard, et on laisse sécher dans le châssis-presse. L'épreuve se détache spontanément du cuivre et reste fixée sur le papier albuminé.

3me *Méthode*

Cette dernière méthode est décrite dans tous les Traités. Elle ne vaut pas celle qui précède.

On substitue à la planche métallique une feuille de papier de Rives, recouvert d'une couche de vernis au caoutchouc.

Benzole. .   .   .   .   . 100 cent. cub.
Caoutchouc .   .   .   .   2 grammes.

On filtre le produit après la dissolution de la gomme.

On forme ensuite le papier en cuvette. On lui donne pour support une feuille de verre qu'on tient à la main.

Le vernis est versé sur la feuille et l'excédant est repris dans le flacon.

On suspend les feuilles préparées pour les laisser sécher.

On pose le papier au charbon sur le côté verni et on détermine l'adhérence des deux surfaces par un vigoureux tour de presse.

On développe ensuite à l'eau chaude.

OBSERVATIONS

Le papier au charbon après sensibilisation doit sécher le plus vivement possible. Les cas d'insolubilités sont indépendants de la qualité de la gélatine. La gélatine du Japon n'offre aucun espèce d'avantage. Elle est à peine soluble dans l'eau bouillante. Son emploi dans le procédé au charbon n'est pas admissible. L'ammoniaque liquide rend ce produit exotique très-soluble et lui communique les propriétés de la gélatine ordinaire, dont il ne diffère alors que par son prix élevé. On doit même l'écarter du laboratoire dans les procédés phototypiques. Car ce n'est pas sur une couche dure qu'on peut obtenir un bon tirage. C'est le contraire qui est exact. Une couche rigide ne communique aucune souplesse aux épreuves.

Le papier au charbon doit être employé le lendemain de la sensibilisation. Après ce temps l'insolubilité de la gélatine commence.

On a prétendu bien des fois le contraire, mais il serait difficile de le prouver. On peut du reste apprécier la valeur de l'affirmation par l'expérience suivante.

On fait dissoudre de la gélatine au bain-marie, et on y ajoute 2 % en rapport avec l'eau employée de bi-chromate de potasse ou d'ammoniaque. On reprend cette mixtion le lendemain pour la redissoudre au bain-marie. Le filtrage n'est déjà plus possible pour la masse entière. On trouve au fond de la capsule et du filtre, des caillots de gélatine insolubles.

Il est vrai cependant que les portions insolubles cèderont à une température plus élevée ; mais après deux ou trois jours l'insolubilité deviendra plus persistante.

Or, si ce fait se produit quand la gélatine est humide, il ne pourra que s'accentuer d'avantage dans l'état de siccité complète.

Le bain de bi-chromate doit être rafraîchi en été par un moyen quelconque pour éviter la dissolution de la couche charbonneuse.

Il vaut mieux, pendant les chaleurs, se servir d'un bain de bi-chromate de potasse. La gélatine, en été, se dissout dans le bain ammoniacal.

Le papier au charbon préparé à l'encre de chine liquide laisse à désirer sous le rapport de la nuance.

On a quelques difficultés à modifier ce ton dans la fabrication.

On est assez limité dans l'emploi des matières colorantes. Les laques, les couleurs d'aniline, le carmin tannent la gélatineet la rendent insoluble.

On obtiendrait cependant une coloration fort

riche en mêlant l'oxide de fer violet au noir de bougie. Les épreuves dans ce cas seraient colorées en noir violet. Mais les fabricants de papier gélatino-charbonneux ne se sont pas jusque à présent assez préoccupés de ce désidératum réclamé par les Photographes.

On a donc cherché à modifier le ton de l'encre de chine et on a reconnu que le noir de bougie pouvait prendre la couleur photographique par l'immersion des épreuves après développement, et humides dans une solution à 5 ou 6 °/₀ de permanganate de potasse.

Ce bain qui sert de virage renforce en même temps le positif, car le sel de potasse peut développer une épreuve faible sur une couche simple de gélatine bi-chromatée et insolée.

Dans l'épreuve au charbon, le ton noir se modifie et passe par une gamme de tons, qui, du rouge brun, finit par atteindre une nuance jaune peu agréable. Sur cette observation qui n'est pas récente, et M. Chardon en a fait l'observation à la Société de Photographie, on a cru pouvoir établir la base d'un brevet.

8.

Tout sel à base de potasse donne des résultats semblables et dans nos tirages phototypiques, il nous arrive souvent de modifier le noir trop crû des épreuves par leur immersion, pendant quelques minutes dans un sel quelconque de potasse. Cette opération a sa raison d'être. Le résultat dans ce cas est une couleur sépia très-réussie.

CHAPITRE XII

De la retouche des clichés

—

L'expérience a prouvé depuis longtemps que la retouche du négatif est devenue nécessaire.

Il est rare qu'un cliché de portrait ne laisse rien à désirer. On est forcé de corriger après coup les imperfections inhérentes aux principes mêmes qui constituent la photographie.

Les taches de rousseur, par exemple, à peine visibles, sur le visage du modèle se traduisent par des noirs exagérés sur l'épreuve positive.

Dans ce cas, on avouera que la retouche doit corriger les imperfections du procédé. Il est du reste parfaitement irrationnel d'exiger d'un procédé chimique le discernement qui n'appartient qu'à l'intelligence. Le goût doit suppléer aux imperfections du mécanisme.

Il n'est pas admissible du reste que le peintre portraitiste, dans les travaux d'art qui n'ont aucun rapport avec la photographie, cherche exclusivement à reproduire les défauts du modèle au lieu de suivre la voie inverse. Entre l'idéal et la réalité, il y a des degrés et à tout prendre le Photographe, tout en respectant la vérité, doit par une retouche modérée et bien comprise modifier le résultat dans une juste mesure. On a répété trop longtemps que la photographie est l'art d'enlaidir et la critique n'est que trop fondée, si le négatif ne reçoit pas les modifications réclamées par le goût.

On abuse, il est vrai, souvent de ces corrections. Le goût et le sentiment du vrai fait quelquefois défaut au retoucheur. Il veut trop arrondir le visage et la ressemblance en souffre. L'expression se trouve dénaturée.

La vérité dans la reproduction d'un type repose sur le jeu des muscles du visage. L'expression est le résultat de ces contractions multiples et naturelles qui sont identiques au point de vue anatomique chez tous les individus, mais qui ont un caractère distinct dans chaque physionomie. Le jeu des muscles se traduit sur l'épreuve positive par un passage brusque du blanc au noir. On doit donc se borner à atténuer ces effets de lumière sans trop les affadir.

Il en est de même des rides, il faut simplement en corriger l'exagération.

PUPITRE-CRAYONS

On a, pour la retouche du cliché, un pupitre spécial, peu volumineux quand il est fermé.

La description des appareils est peu utile quand l'inspection seule de l'objet suffit pour en faire comprendre le mécanisme.

On ouvre le pupitre à retouche. Une glace étamée en occupe le fond et sert de réflecteur pour renvoyer la lumière sur le négatif.

Cette glace peut être remplacée par une feuille de papier blanc.

La partie qui se relève en forme de pupitre

reçoit quatre ou cinq châssis enchâssés l'un dans l'autre. Chacun de ces cadres correspond à une des dimensions adoptées en photographie.

Les retoucheurs se servent, les uns des crayons Faber. Ils emploient les différents numéros, suivant le cas. Les autres préfèrent le graphite de mine Alibert. Ils se bornent aux numéros 1 et 2.

Nous insisterons sur la méthode d'emploi de ces derniers crayons.

On peut prendre la mine libre qu'on enferme alors dans un porte-crayon métallique. Mais les retoucheurs de profession préfèrent la mine renfermée dans le bois.

On met le graphite à nu en enlevant le bois sur une longueur de 4 à 5 centimètres. La mine excessivement dure et solide se prête à cet arrangement. On taille le graphite en forme de cône affilé et l'extrême pointe qui doit avoir la finesse d'une aiguille est polie sur une pierre à repasser d'un grain très-fin.

Le crayon ne doit pas être incliné comme pour écrire. On lui donne une position presque parallèle au plan du négatif comme si toute la longueur de la mine devait marquer à la fois sur le collodion qu'on ne doit cependant toucher qu'avec la pointe.

GOMME, COLLODION A L'ANILINE

Les négatifs destinés à la retouche ne se vernissent qu'après cette opération. On peut même se dispenser de le faire si on en prend soin pendant le tirage.

Après le dernier lavage et avant qu'ils ne soient secs, on les couvre d'une solution de gomme préparée comme il suit :

Eau	100 cent. cubes.
Gomme	25 grammes
Sucre candi. . .	5 —

Le sucre rend la couche rugueuse et en augmente la solidité. On doit sécher parfaitement la gomme avant d'attaquer le cliché au crayon.

La retouche ne doit pas se faire en pleine lumière. Dans les bonnes maisons on dispose un cabinet spécial de retouche. Mais une pièce quelconque fermée au jour peut suffire. Le soir, le retoucheur travaille où bon lui semble.

Il dresse son pupitre et place le cliché dans le châssis. Il dispose derrière l'appareil une lampe recouverte d'un abat-jour. La lumière qui tombe sur la glace étamée ou sur la feuille de papier blanc qui sert de réflecteur, doit être renvoyée obliquement sur le négatif.

Il recouvre ensuite le cliché d'une feuille de papier buvard épais et opaque, percé d'une ouverture de quelques centimètres. Le reste de la feuille protége la vue du retoucheur. La partie qu'il attaque se trouve seule éclairée. On peut alors saisir les moindres défauts et opérer avec une précision rigoureuse.

La retouche consiste à unir la couche, c'est-à-dire à lui donner une transparence uniforme dans la dégradation des teintes. Il n'est pas question de modelage pour le moment.

On couvre les lumières qui se reproduiraient en noir sur l'épreuve quand les lumières n'ont aucune raison d'être. Chaque tache de rousseur est indiquée sur le négatif par un excès de transparence. On amoindrit cette transparence et on la met en rapport avec les parties voisines. C'est à la lumière seulement qu'on peut déterminer le point précis où il convient de s'arrêter.

C'est sur le visage et sur les mains que le retoucheur doit surtout exercer son crayon.

Les piqûres sont couvertes à l'encre de chine mêlée d'un peu de carmin. On peut employer la teinte neutre de la série des couleurs Chenal.

Il faut une grande expérience et beaucoup de goût pour attaquer un modèle. Le travail doit être fait en sens inverse, il faut couvrir au crayon et rendre noir ce qui doit venir en blanc sur l'épreuve. Nous n'insisterons pas sur ce point, nous nous sommes expliqués au début de ce chapitre.

Il est certaine partie d'un négatif de portrait qu'il faut modifier en masse. Les cheveux par exemple, le dessous de l'arcade orbitaire, etc. L'épreuve au tirage atteint la métallisation dans ces parties, avant même que toutes les demi-teintes de l'ensemble soient venues.

Si la partie trop transparente n'a pas une grande étendue, on se borne à la recouvrir au pinceau d'une teinte plate de carmin qu'on remplace par du bleu de Prusse, si la transparence n'a pas une trop grande disproportion avec l'ensemble des lumières du négatif. Mais quand les points à corriger atteignent des proportions plus grandes, on doit avoir recours au collodion à l'aniline.

On dissout une paillette d'aniline rose dans quelques gouttes d'alcool et on verse la matière colorante dans 100 centimètres cubes de collodion normal.

On collodionne ensuite le revers de la glace qui porte le négatif.

On laisse sécher et on enlève ensuite le collodion au grattoir en respectant les réserves qu'on a eu l'intention de faire sur les parties trop transparentes.

Les négatifs vernis se retouchent à l'encre de chine à laquelle on ajoute un peu de carmin. L'encre est appliquée au pinceau. Mais il faut préparer la partie qu'on veut retoucher au crayon.

On réduit quelques fragments d'os de seiche en poudre et on les mélange à quelques centimètres cubes d'essence de térébenthine, on frictionne les parties qu'on veut retoucher. Le crayon prend alors avec assez de facilité si on ne laisse pas trop évaporer l'essence. L'emploi de la térébenthine est inutile si on exécute la retouche au pinceau.

Les ciels, dans le paysage, peuvent être refaits complètement au bitume de Judée dissous dans l'essence de térébenthine. C'est à l'envers du cliché que la couleur doit être appliquée.

Mais pour la retouche des ciels ou de l'ensemble du paysage et même du portrait, si les modifications à faire sont importantes, on obtient de meilleurs résultats en collant une feuille de papier dioptrique, c'est-à-dire transparent sur le recto et sur le verso du négatif. On applique alors la méthode brevetée par M. Lambert. A l'aide du crayon, de l'encre de chine ou de l'estompe, on peut avec quelque talent transformer complètement le cliché. Cette méthode est surtout précieuse pour les clichés agrandis.

CHAPITRE XIII

Emaillage des cartes, bombage

—

Nous avons décrit cette méthode, à la demande de M. Lacan, dans le moniteur de la Photographie. Nous croyons devoir lui assigner une place dans ce volume.

Le traitement commence quand la carte est fixée et lavée. On peut laisser sécher les épreuves ou commencer l'opération quand elles sont encore humides.

Nous écrivons autant pour l'amateur que pour le Photographe et nous donnerons deux méthodes. C'est la première qu'on doit suivre, si la photographie n'est qu'un simple passe-temps.

On choisit une glace sans rayures, qu'on polit avec soin.

On la saupoudre de talc et avec un chiffon blanc on en frictionne la surface. En l'essuyant on ne doit laisser sur le verre aucune trace de poudre blanche. On la collodionne après et on la laisse sécher.

COLLODION POUR CARTE ÉMAILLÉE

Ether . . . . 100 cent. cubes.
Alcool . . . . 100 — —
Coton azotique . . 2 grammes 1/2
Glycérine . . . 2 gouttes

On fait dissoudre d'autre part et au bain-marie,

Gélatine . . . . 7 grammes
Dans Eau ordinaire. 100 cent. cubes

La dissolution doit être filtrée en sortant du feu sur un filtre en papier ou sur un carré de flanelle.

La glycérine donne plus de souplesse à la couche, mais le brillant de l'épreuve diminue quand la dose de glycérine augmente. Si on supprime la glycérine, les cartes ont beaucoup plus d'éclat mais la couche est sujette à se fendiller.

On verse cette gélatine sur la glace de la même manière que le collodion, et on pose le verre sur une table à peu près d'aplomb pour laisser prendre la gélatine.

On immerge ensuite une douzaine de cartes dans une cuvette pleine d'eau fraîche. On les reprend quand elles sont assouplies pour les éponger entre deux feuilles de papier buvard double.

On prend alors la glace gélatinée et on la plonge dans l'eau quelques secondes ; on y applique les cartes recouvertes au pinceau du côté de l'épreuve d'une couche de gélatine.

On chasse les bulles en pressant avec la main le verso des épreuves, et on le fait avec d'autant plus de certitude qu'on peut retourner la glace pour s'assurer du résultat.

On place les cartes sur la glace à une distance d'un centimètre l'une de l'autre, et on passe, sans aucune précaution, le pinceau trempé dans la gélatine sur le dos des épreuves et sur toute la glace.

On mouille ensuite une feuille quelconque de papier blanc qu'on gélatine et on la pose sur le

tout. On presse ce papier avec la main, pour étendre les plis et pour chasser les bulles d'air qui
pourraient être soit entre les épreuves et la glace,
soit entre les épreuves et cette dernière couverture.

Toute la réussite de l'opération repose sur l'emploi de ce papier. On doit le couper plus grand
que la glace de quelques centimètres et le rabat-
tre en-dessous, où il se colle par l'excès de gélatine chassée par la pression de la main.

Cette couverture bride les cartes, et en séchant, la tension qu'elle exerce sur le tout ne
permet ni aux épreuves de se soulever ni à l'air de
s'introduire. On abandonne ensuite le tout à une
dessication spontanée, à l'ombre. On perdrait la
moitié des épreuves, si pour aller plus vite on
exposait la glace au soleil, ou si on voulait sécher la gélatine près du feu.

Quand la gélatine est sèche, il suffit de couper
à la pointe le papier de couverture sur les bords
de la glace. On le soulève par un angle et les
épreuves se détachent sans le moindre effort.

On sépare les cartes au ciseau et on les coupe
ensuite à l'aide du calibre.

Pour ménager le brillant des épreuves, on peut, si on le désire, éviter le collage.

Il suffit de former un carton de toute pièce en collant à la gélatine trois ou quatre feuilles de papier sur celle qui est en contact direct avec les épreuves. On obtient ainsi un excellent bristol.

Dans une exploitation importante on doit dissoudre au bain-marie cinq ou six kilogrammes de gélatine dans une vaste bassine. On introduit sans ordre dans le récipient les glaces collodionnées, les épreuves, les cartes coupées et les papiers de couverture.

On place la première glace sur une table recouverte de papier et on y applique d'abord l'épreuve, ensuite le carton et enfin la couverture qu'on rabat en dessous.

On opère comme précédemment, mais dans ce dernier cas, on supprime le mouillage du papier et les couches de gélatine passées au pinceau. On laisse sécher les glaces debout, on détache les épreuves et toutes les glaces sont ensuite mises à l'eau chaude pour être lavées et pour servir au prochain gélatinage.

Les eartes glacées destinées à être bombées, c'est la fantaisie du jour, offrent quelques particularités dans le tirage que nous allons signaler.

On prend un emporte-pièce en acier et on découpe des ovales dans une feuille de papier noir à aiguille. L'ovale plein enlevé par l'emporte-pièce et l'ovale creux qui perce la feuille à jour ont chacun leur emploi. On trouve ces accessoires préparés par le commerce.

On place l'ovale creux sur le négatif, on applique par-dessus le papier nitraté et on imprime la carte sur fond blanc.

On modifie le fond par une seconde exposition à la lumière, en plaçant l'ovale plein sur le portrait déjà tiré de manière à recouvrir le plus exactement possible la partie que la lumière a d'abord noircie. Dans cette opération délicate il faut veiller avec un soin extrême à ne pas toucher avec les doigts au papier sensibilisé.

On place dans le châssis-presse un négatif de fantaisie qui reproduit par réduction une feuille de papier pointillée ou quadrillée.

On arrange sur le cliché l'épreuve déjà tirée

recouverte par l'ovale plein. C'est le fond blanc de l'épreuve qui s'imprime dans cette nouvelle exposition à la lumière. On vire et on fixe après cette double opération.

Le portrait se détachera sur un fond noir, si on se borne à placer l'ovale plein dans le châssis-presse et l'épreuve par-dessus. La lumière agira alors sur toute la feuille en respectant la partie couverte, c'est-à-dire le portrait. On bombe les cartes avec un appareil spécial qu'il suffit de voir pour en comprendre le jeu.

Une expérience faite par le vendeur sera plus claire que toute les explications que nous pourrions donner.

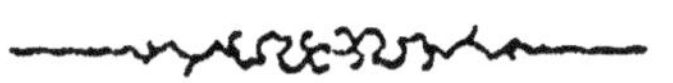

CHAPITRE XIV

Retournement des négatifs

—

CLICHÉS PELLICULAIRES

Dans le procédé au charbon, et pour l'impression aux encres grasses, on a souvent besoin de retourner le négatif. On pourra lire ce que nous avons écrit à ce sujet dans notre traité de Phototypie où plusieurs méthodes sont indiquées ; nous appelons l'attention du lecteur sur l'emploi de la plombagine.

Nous décrirons seulement dans ce volume la méthode de transport, qui permet de conserver les négatifs dans un espace fort restreint et à l'abri de toute espèce d'accident.

On substitue dans ce cas au verre qui est à la fois lourd, encombrant, coûteux et surtout fragile, une pellicule de gélatine. On recouvre la gélatine de collodion normal, pour soustraire le support aux accidents qui peuvent résulter des variations atmosphériques.

On conçoit qu'un négatif supporté par une pellicule mince et souple puisse offrir bien des avantages. Outre ceux que nous avons signalés, le négatif pelliculaire peut être tiré sur le recto ou sur le verso. Il sera donc propre à tous les genres de tirage.

Les procédés peu employés sont toujours considérés comme difficiles dans l'exécution. Ce n'est pas ici le cas, à coup sûr, car l'opération réussit toujours.

On laisse sécher le négatif quand il est terminé, mais on ne le vernit pas. Il faut surtout éviter de le couvrir de gomme ; s'il a besoin d'être retouché on le fera plus tard sur la pellicule.

On commence par passer au pinceau du vernis à l'ambre sur les bords la glace pour attacher solidement le collodion au verre, et on plonge le négatif dans une cuvette pleine d'eau acidulée a 10 °/₀ par l'acide chlorhydrique.

Après cinq ou six minutes d'immersion, le collodion a une tendance à se détacher de la glace et on doit s'assurer du fait ; il reste en place cependant retenu par le vernis qui borde la glace sur une largeur de deux ou trois millimètres en tous sens.

On retire la glace du bain acide et on la transporte, sans la brusquer, dans une seconde cuvette pleine d'eau fraîche.

On a fait dissoudre, pendant le temps employé à ces opérations préliminaires, 7 grammes de gélatine dans 100 grammes d'eau ordinaire, on ajoute après dissolution 3 ou 4 gouttes de glycérine et on filtre le produit.

On recouvre la glace mise d'aplomb, d'une couche de gélatine qui doit sécher spontanément.

La gélatine est renforcée, quand elle est sèche, par une couche de collodion normal, rendue plus souple par l'addition de quelques gouttes de glycérine.

Le lendemain, on coupe avec un canif la double couche en-deça du vernis qui borde la glace ; la pellicule se détache d'elle-même, elle cède au besoin à un léger effort en entraînant le négatif.

Nous conseillons de donner pour support au cliché une couche assez épaisse, et dans ce cas, on fait dissoudre 20 gr. de gélatine dans 100 cent. cubes d'eau.

La gélatine ne doit jamais être versée **trop** chaude, quelle que soit la destination de la couche.

En hiver, pour le cas qui nous occupe, la dissolution de gélatine doit être légère. Une couche trop épaisse sèche difficilement. On arrive plus sûrement au résultat en superposant les couches, et on donne plus de fixité à la couche résultante en interposant une coulée de collodion qu'on laisse sécher avant de renouveler le gélatinage.

La méthode qui suit est beaucoup plus simple. C'est le procédé que nous avons adopté. M. Fortier fils, en séance, à la Société de Photographie, a détaché une série de négatifs avec un plein succès. L'expérience a, du reste, démontré la supériorité de ce dernier procédé qui supprime l'emploi de l'eau acidulée.

Il faut frictionner vigoureusement avec un tampon de flanelle saupoudré de talc, la glace préalablement nettoyée qui doit servir de support au négatif. On passe ensuite le blaireau pour enlever l'excès de la poudre blanche.

On collodionne ensuite et on continue l'opération comme à l'ordinaire sans se préoccuper du retournement.

Il suffit, quand le négatif est terminé et après un dernier lavage, de recouvrir l'épreuve d'une couche de gélatine à 20 0/0.

On laisse sécher et on recouvre la glace d'une couche de collodion normal.

Quelques heures après, on découpe à la pointe les bords du négatif. La pellicule abandonne la glace avec la plus grande facilité. Elle céde sous un léger effort si on l'entraîne par un angle pour la détacher.

On ne doit pas négliger avant de couler la gélatine, d'enlever un centimètre de collodion sur les bords de la glace, afin de laisser le verre à nu. Si la gélatine n'adhérait pas directement sur le support, le négatif se détacherait seul du verre pendant la dessication, avant que la couche ne fut complètement sèche, et le négatif pelliculaire aurait plus tard une tendance et s'enrouler sur lui-même. Le talc peut être passé sur les glaces destinées au collodion sec et à l'albumine. Son emploi permet de détacher les négatifs, et on évite d'autre part les boursouflures qui se manifestent au développement.

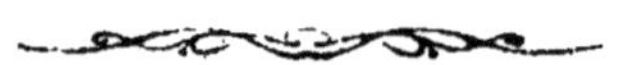

CHAPITRE XV

Collodion-chlorure

—

APPLICATIONS DIVERSES

Dans le procédé de tirage sur papier collodionné qui n'a été décrit dans aucun Traité avec tout le développement qu'il mérite, l'amateur trouvera une série de distractions agréables.

La possibilité de détacher la pellicule de collodion et de la transporter sur toute espèce de subjectile, donne lieu à une foule d'applications.

Première application

Formule de l'émulsion

N° 1.

Alcool à 36°. . . . . 100 cent. cubes.
Azotate d'argent brut. . 2 grammes.

N° 2.

| Alcool à 36°. . . . . | 100 cent. cubes. |
| Chlorure de strontium. . | 2 grammes. |

N° 3.

| Alcool. . . . . . . | 100 cent. cubes. |
| Acide citrique . . . . | 5 grammes. |

N° 4.

Collodion normal.

Alcool à 40°.	100 cent. cubes.
Ether à 62°.	100 — —
Coton azotique. . . .	4 grammes.

On filtre les trois premières solutions quand les produits sont dissous.

Dans 100 cent. cubes de collodion normal préparé d'après la formule n° 4, on verse en agitant d'abord 10 cent. cubes de la solution N° 2, et ensuite 10 cent. cubes de la solution N° 3.

On complète l'émulsion en y incorporant goutte à goutte et en agitant vigoureusement, 5 cent. cubes du N° 1.

On obtient à ce moment un liquide laiteux qui

doit être abandonné au repos jusques au lendemain.

On décante la partie limpide qui peut seule être employée.

On étend le collodion-chlorure sur du papier albâtre préparé au blanc de baryte comme il suit :

  Eau. . . . . . . 900 gr.
  Blanc de baryte . . . 100 —
  Gélatine. . . . . . 20 —

On dissout d'abord la gélatine au bain-marie, et on y mêle la baryte délayée au préalable dans 100 cent. cubes d'eau, et passée à travers un linge fin. On applique une feuille de beau papier collé sur une glace, et on étend l'encollage à la brosse.

La couche doit être polie avec un tampon de flanelle quand elle est sèche. On trouvera, du reste, dans notre maison à Paris, le papier et l'émulsion.

La feuille à collodionner est placée sur une planchette qu'on tient à la main. On relève les bords du papier pour former une espèce de cuvette. On y verse l'émulsion en couche régulière, en maintenant le support légèrement incliné.

On ne doit verser qu'une seule couche. Le papier peut être employé dès qu'il est sec, mais il se conserve blanc et sans altération pendant un mois ou deux.

Quel que soit l'emploi du papier collodionné, le virage qui suit doit seul être employé si la pellicule est destinée au transport.

On obtient sans doute de très-beaux tons par l'emploi d'autres sels, mais ces produits coagulent quelquefois la gélatine, et on éprouve les plus grandes difficultés à détacher le collodion du papier.

VIRAGE

Eau	1,000 gr.
Sulfocyanure d'ammonium.	20 —
Chlorure d'or et de sodium.	1 —

On ne doit employer que la quantité de bain nécessaire au virage du jour. Il faut tirer l'épreuve assez vigoureusement ; elle s'affaiblit considérablement dans le virage. Dès le premier contact, elle prend un ton jaune-paille, mais elle remonte peu à peu. Il y a insuffisance de chlorure d'or dans le bain si l'épreuve reste trop longtemps stationnaire. Elle doit se colorer promptement. L'excès de chlorure d'or donne une épreuve rougeâtre peu agréable.

A la rigueur, le bain de sulfocyanure pourrait servir en même temps de fixateur, mais il vaut mieux reprendre l'épreuve et la laisser pendant 4 ou 5 minutes dans la solution suivante :

Eau.	1,000 gr.
Sel ordinaire	60 —
Hyposulfite de soude . .	100 —

L'hyposulfite donne, en outre, de la transparence aux noirs et aux demi-teintes.

Les épreuves sur papier collodionné sont beaucoup plus fines que les épreuves sur papier albuminé tirées sur le même négatif.

La raison en est simple. Le grain du papier disparaît sous la couche de barite qui, bien appliquée, donne une surface polie comme une glace, et le collodion qui porte l'image dans son tissu, a beaucoup plus de brillant que l'albumine.

On peut, du reste, obtenir des épreuves mates, si le collodion-chlorure est versé sur une feuille non brunie.

Le tirage sur papier collodionné donne des blancs éclatants, et certaines épreuves que les photographes examinent avec surprise aux expositions, sans se rendre un compte exact du procédé, sont produites par la méthode que nous développons. On attribue à des virages spéciaux et secrets les résultats que le papier albuminé ne saurait donner dans aucun cas.

On atteint les mêmes effets en transportant le positif obtenu à la chambre sur le papier porcelaine, mais cette opération est délicate et cette méthode exploitée il y a quelques années, est abandonnée aujourd'hui.

La Société leptographique suivait une voie excellente en fabriquant le papier collodionné; mais outre que sa fabrication n'était pas régulière, elle avait trop abaissé son prix de vente.

2me application

Epreuves de couleurs.

On peut, au lieu du blanc de baryte qui sert à coucher le papier, employer la sanguine, le jaune de cadmium, le bleu de cobalt, etc. Ces teintes qui remplacent le blanc dans les épreuves, amènent des contrastes heureux.

Le bleu de cobalt produit des effets de lune très-artistiques, et la sanguine est d'un excellent effet dans la reproduction des terres cuites. Toutes les teintes en général, peuvent être employées dans la reproduction des vases en porcelaine.

Mais si le blanc de baryte est remplacé par un fond de couleur quelconque, le virage du papier collodionné doit être changé. Les demi-teintes noires ou bleutées sont criardes sur les fonds colorés. Un virage brun et riche de ton produit un meilleur effet. On le composera comme il suit :

        Eau.   1,000
        Hyposulfite de soude . .   120 gr.
        Sel ordinaire. . . . .   60 —
        Chlorure d'or et de sodium.   1 —

Ces épreuves ne réclament pas des lavages nombreux et prolongés. Il suffit de changer l'eau deux ou trois fois après l'emploi du bain précédent. On doit même éviter de laisser le papier trop longtemps dans l'eau. Cinq ou six minutes d'immersion suffisent, car l'hyposulfite pénètre difficilement la couche de collodion. Ce sel est éliminé promptement par quelques lavages rapides.

TRANSPORT

3ᵐᵉ application

Epreuves sur fond d'or et d'argent

On reproduit les armures, les médailles et les pièces d'orfèvrerie avec l'éclat métallique propre à ces objets, en transportant la pellicule de collodion détachée du papier sur une seconde feuille de papier doré ou argenté. Dans les deux cas, le report doit être fait sur une couche d'or ou d'argent fin. Le papier recouvert de cuivre ou de plomb s'oxyderait rapidement, et l'épreuve n'aurait aucune durée.

Pour imiter les vieilles médailles et les anciennes pièces de monnaie, on revêt les feuilles métalliques d'une couche de gélatine à laquelle on incorpore des couleurs vertes et jaunes habilement disposées, et on découpe dans la masse née du caprice du pinceau, la partie qui répond le mieux à la couleur de la médaille. Les spécimens que nous avons soumis à l'appréciation du public dans les diverses expositions, ont toujours intéressé les amateurs de numismatique.

Cette heureuse application peut servir à combler les vides dans les casiers des amateurs et des musées de province. La galvanoplastie donne, il est vrai, une reproduction exacte, mais avec la photographie, tout aussi fidèle, on obtient à moins de frais le ton et la couleur.

Il est même à remarquer que les inscriptions des vieilles monnaies qui échappent à la vue, sont rendues le plus souvent avec une netteté surprenante par l'objectif.

L'importance du procédé au collodion-chlorure est surtout dans le report. Nous allons donner une description complète de cette opération.

L'épreuve, virée et fixée, est mise dans une cuvette pleine d'eau chaude. La température du liquide ne doit pas dépasser 80°. Sous l'action de la chaleur, la pellicule de collodion se détache dupapier dans l'espace de deux ou trois minutes. L'épreuve est bonne à transporter lorsque le collodion se soulève sur les angles.

On retire à ce moment le papier et la pellicule de la cuvette, comme s'il n'y avait pas eu de dédoublement ; nous voulons dire que le papier doit toujours servir de support au collodion, car il ne serait pas possible de manier autrement l'épreuve pelliculaire qui est trop fragile pour supporter le moindre froissement.

On saisit donc par les deux angles situés du même côté et la pellicule et le papier, et on applique le tout, le collodion en dessous, sur une glace propre.

On laisse dépasser l'épreuve d'un centimètre en dehors de la glace, et on rabat cette partie en dessous.

On presse le papier humide avec la main pour chasser les bulles d'air et pour étendre les plis.

On retourne ensuite la glace pour soulever le papier rabattu au verso du verre, où le collodion doit seul rester fixé.

Ce point d'attache permet ensuite de détacher

complètement le papier pour ne laisser que la pellicule sur le verre.

Le collodion est recouvert d'une couche de blanc de baryte laissée par le papier. C'est grâce à cette couche interposée que le dédoublement de la feuille collodionnée est possible.

Pour enlever ce voile, on prend un tampon de coton qu'on imbibe d'eau chaude, et on nettoie la pellicule par un frottement léger. Cette opération n'est pas aussi délicate qu'on pourrait le croire, car le collodion offre une résistance suffisante.

Aucune trace de blanc ne doit rester sur l'épreuve. On fait donc un dernier lavage sous le robinet de la fontaine du laboratoire. Mais la pellicule doit être lavée sur ses deux faces. L'opération est moins longue pour le revers.

On mouille une feuille de papier blanc ordinaire qu'on applique sur le collodion, en la pressant avec la main pour chasser les bulles.

On ramène alors sur le papier la partie du collodion qui est rabatue sur le verso de la glace et on entraîne la pellicule en soulevant le papier.

Le papier est replacé sur la même glace et on rince le revers de la pellicule qui se trouve alors en dessous, sous un filet d'eau.

L'emploi du coton est inutile dans ce dernier cas, car on lave le côté opposé à celui qui portait sur la couche le blanc de baryte.

L'épreuve est alors transportée sur son support définitif qui peut être une feuille d'or ou d'argent, un carré d'ivoire, une plaque d'émail ou de porcelaine, la glace mince d'un presse-papier, un verre opale ou enfin une glace ordinaire si on veut obtenir un cliché positif.

Le subjectile, quel qu'il soit, destiné à recevoir l'épreuve pelliculaire doit subir une préparation préalable. Il faut gélatiner le support.

Le gélatinage doit être coulé d'avance si le report est fait sur un corps non spongieux et dur comme le verre ou l'émail.

On doit laisser sécher la gélatine avant d'exécuter le transport.

On dissout dans ce cas 6 ou 7 grammes de gélatine et on la filtre au papier au sortir du feu. Il faut attendre qu'elle soit tiède pour l'employer et c'est le seul moyen qui permette d'éviter les bulles d'air.

On verse le liquide sur le verre comme le collodion. Une couche suffit et, sans attendre, on pose les glaces debout mais légèrement inclinées sur une bande de papier buvard.

Il est bon en hiver de chauffer légèrement les glaces avant l'opération.

On doit enlever, quand la gélatine est prise, le bourrelet qui se forme sur l'arête d'écoulement.

Les plaques émaillées destinées au faux émail et les verres bombés qu'on emploie pour la miniature sont plongés totalement dans la gélatine. On les reprend et on les pose à plat sur une feuille de buvard, la partie bombée en - dessus pour l'émail. Le verre qui reçoit la pellicule sur la partie concave est posé en sens inverse.

Pour fixer la pellicule sur les corps durs, on attend que la couche de gélatine soit sèche.

Au moment du transport on plonge rapidement le verre dans l'eau fraîche pour ramollir l'extrême surface de la gélatine.

10.

On applique et le papier et la pellicule, celle-ci en-dessous sur le côté gélatiné du verre. Une pression exercée par la main est nécessaire pour chasser l'excès d'eau et pour déterminer l'adhérence. On laisse ensuite sécher le tout sans rien déplacer.

On détache plus tard la feuille de papier qui n'intervient dans l'opération que pour faciliter le transport. La pellicule reste fixée sur la gélatine, mais le papier ne contracte aucune adhérence avec le collodion. On l'enlève sans effort.

Dans le cas où la pellicule est reportée sur une feuille d'or ou d'argent, le gélatinage se fait au moment de l'opération et on ne doit pas laisser sécher la couche de gélatine.

On étend la feuille métallique sur une glace, le côté brillant en-dessus et on l'humecte très-légèrement avec un blaireau peu chargé d'eau. On la retourne après et on la couvre à la brosse d'une couche très-légère de gélatine.

On a à côté la pellicule bien lavée sur ses deux faces, en repos sur la feuille de verre. On y applique donc la feuille métallique dont on presse le dos avec un peu de coton humide pour faciliter l'extension du papier et pour enlever les plis.

La gélatine s'empare du collodion, ce qui permet de retourner la feuille qu'on laisse sécher sur une glace bien essuyée. On surveille le transport pendant cinq ou six minutes et on perce avec une aiguille les bulles d'air qui se forment presque toujours.

OBSERVATIONS.

Les épreuves sur papier de couleur et les épreuves sur or ou argent doivent subir une dernière préparation avant d'être montées.

On les retouche à l'encre de chine mêlée d'un peu de carmin.

On applique l'épreuve sur une planchette. On rabat les bords et on les couvre d'une couche de vernis à l'ambre dilué dans une quantité égale de chloroforme.

L'épreuve est alors très-solide et la pression du cylindrage qu'elle supporte sans difficulté lui donne un éclat pareil à celui des épreuves émaillées à la gélatine. On passe ensuite l'encaustique comme sur les épreuves ordinaires.

Ce vernissage qui consolide l'épreuve fait disparaître le reflet métallique qui nuit à l'effet et sur les fonds de couleur et sur les feuilles d'or ou d'argent.

DU FAUX ÉMAIL.

Le faux émail et aussi agréable d'aspect que l'épreuve vitrifiée, mais il n'a pas la solidité de cette dernière.

On applique, comme nous l'avons dit, la pellicule sur la plaque gélatinée. On remplit une cuvette d'eau et on y dépose la pellicule qui flotte à la surface. La plaque d'émail est placée sur un support en cuivre recourbé et on passe l'émail sous la pellicule. On enlève l'épreuve en retirant le support de l'eau.

Toute la difficulté consiste à faire disparaître les plis sur la surface convexe de la plaque. On y arrive en pressant la pellicule avec le doigt humecté et on ne s'arrète que lorsque le collage est parfait.

On peut transporter, pour remplir le même but, l'épreuve positive obtenue à la chambre noire, mais on n'a ni le même éclat, ni la même fraîcheur dans les blancs.

L'épreuve obtenue à la chambre, après avoir été passée au cyanure, doit être virée au chlorure d'or. Un gramme de chlorure d'or dans 250 cent. cubes d'eau, est une excellente proportion. Le bain d'or donne à l'épreuve une coloration violette très-agréable, et la rend en même temps plus transparente.

On détache cette épreuve de la glace en la plongeant dans une cuvette pleine d'eau acidulée par l'acide chlorhydrique ou sulfurique à 5 %.

Le transport sur l'émail se fait comme précédemment. On peut colorier le transport dans les deux cas, et on le revèt d'une couche de vernis en le plongeant dans une cuvette pleine de vernis à l'ambre, qui sèche instantanément, et qui communique à l'épreuve un très-grand éclat et beaucoup de solidité.

PRESSE-PAPIER

Le presse-papier est une des plus intéressantes applications du collodion-chlorure.

La pellicule collée à la gélatine sur une glace, est fixée à l'aide d'un mastic spécial sur un bloc de glace taillé à pans réguliers.

L'image emprisonnée entre deux surfaces transparentes, est à l'abri de tout accident et de toute altération.

Le bloc de verre peut, par son poids, remplacer sur un bureau le presse-papier ordinaire en bronze ou en marbre.

On trouve par spécialité dans notre maison, des blocs bruts et taillés, préparés pour cette application. On fait le collage comme il suit :

On doit, au préalable, transporter la pellicule sur la glace mince. Quand l'épreuve est sèche, on trace avec un calibre-carte et à la pointe la portion de la pellicule qui doit rester sur la glace. On enlève ensuite les bords au grattoir pour laisser le verre à nu. On évite ainsi des accidents qui se produiraient au collage.

On place une plaque métallique sur un réchaud, et on y met avant qu'elle ne soit chaude le bloc, la glace mince qui porte l'épreuve et le pot de mastic. On met en contact avec la plaque de métal la face du bloc qui doit recevoir l'épreuve.

Le mastic qui est un composé de blanc d'argent et de baume de Canada, se ramollit pendant que le bloc s'échauffe. On attend que la température soit environ de 90°.

On prend avec la lame d'un couteau une quantité de mastic suffisante pour recouvrir toute la surface du bloc qu'on porte alors sur une table. On applique ensuite la glace mince sur le bloc, l'épreuve en-dessous, et à l'aide d'un morceau de liége assez volumineux, qui sert de point d'appui à la main, on exerce une pression vigoureuse sur la glace mince en lui imprimant un mouvement de rotation lent et mesuré. Cette opération a pour but de chasser les bulles d'air. On relève le bloc de temps à autre, et on s'assure en l'examinant par transparence, qu'il ne reste plus de bulles entre les deux verres.

S'il en restait une, fut-elle en plein milieu, on

reprendrait le liége, et on pousserait la glace mince hors du bloc jusqu'au point occupé par la bulle d'air ; on ramènerait ensuite l'épreuve pour la mettre en place. Il est quelquefois nécessaire de remettre le bloc sur le feu pendant l'opération pour ramollir le mastic qui se durcit par le refroidissement.

On laisse enfin refroidir le bloc et on détache avec une lame le mastic en excès sur les arêtes. On nettoie ensuite le presse-papier à l'essence de térébenthine.

Si l'opération était à recommencer, soit que dans le collage l'épreuve eût subi quelque avarie, soit qu'on voulût pour une raison quelconque recommencer l'opération, il suffirait de replacer le bloc sur le feu. On séparerait aisément les deux surfaces quand le mastic serait ramolli par la chaleur.

Le collodion-chlorure peut être versé directement sur le verre opale. Il faut, dans ce cas, y passer auparavant une couche d'albumine qu'on laisse sécher.

Le verre opale est alors posé d'aplomb et recouvert d'une couche de collodion-chlorure. On attend que le collodion soit pris avant de plonger le verre opale dans une cuvette pleine d'eau distillée. On lave en agitant la glace, à l'aide d'un crochet, jusqu'au moment où l'eau coule sur le collodion en nappe régulière.

On laisse sécher la glace en la faisant porter par l'arête inférieure sur une bande de papier buvard, et on peut la conserver sensible pendant un temps indéfini.

On tire l'épreuve par contact dans un châssis-presse spécial, mais on peut se servir de l'appareil ordinaire.

Il est bon de soumettre la glace à des fumigations ammoniacales au moment de s'en servir ; mais cette opération n'est pas de rigueur si les plaques ont été récemment préparées.

On met dans une boîte à glace 50 gr. de carbonate d'ammoniaque ; on glisse le verre opale dans la rainure et on pose la boîte à plat. Après deux minutes, les vapeurs ammoniacales ont produit leur effet.

Si on tire au châssis-presse ordinaire, et nous

11

n'opérons pas autrement, on doit, pour éviter toute surprise, prolonger le temps de pose et brûler au besoin l'épreuve ; l'insolation du collodion-chlorure doit toujours être faite à l'ombre.

Après le virage au sulfocyanure, on peut toujours ramener l'épreuve à sa juste valeur, (même après métallisation complète,) dans un bain de cyanure à 2 %.

On arrête l'action du bain quand l'épreuve est suffisamment éclaircie. Le contact du cyanure ne nuit pas sensiblement à la coloration donnée à l'épreuve par le bain de virage.

EXPÉRIENCES DE M. MERGET

A la séance de janvier 1872, M. Merget a fait part à la Société de Photographie d'une série d'expériences qu'il est bon de noter.

M. Merget, cherchant à prouver contre Faraday que l'évaporation du mercure est un phénomène continu, prit comme réactif le papier photographique sensibilisé au nitrate d'argent.

L'habile physicien obtint les résultats suivants,

qui ne sauraient être passés sous silence dans un Traité de Photographie.

Laissant au savant tout le mérite de ses observations, nous nous bornons à indiquer celles qui ont trait à la partie qui nous occupe.

Une solution à $\frac{1}{100000}$ de mercure accuse sa présence en colorant en noir un papier imprégné de nitrate d'argent. Voilà le principe.

L'expérience suivante, répétée par M. Gobert à la Société, prouve jusqu'à quel point les vapeurs mercurielles peuvent se frayer un chemin à travers les corps les plus résistants.

On amalgame une plaque de zinc et on la pose sur le haut d'un tronçon de bois de 80 cent. de hauteur, dont les sections sont parallèles. Sous la section inférieure, on place une feuille préparée au nitrate d'argent, et cette section se trouve, en quelques minutes, fidèlement reproduite sur le papier sensible.

On peut remplacer le nitrate d'argent par un sel d'iridium, d'or ou de palladium. Il suffit, dans ce dernier cas, d'un simple lavage à l'eau pour fixer l'épreuve qui est d'une exactitude extrême quand on a le soin de polir la section de base pour la faire porter bien exactement sur le papier.

Un positif sur verre développé au fer et non verni, après avoir été soumis aux vapeurs de mercure, donne une reproduction exacte quand on le pose sur une feuille sensibilisée par la solution d'un sel quelconque des métaux précieux.

M. Vial a indiqué une autre méthode qui a quelque analogie avec la précédente, mais qui n'a, à notre avis, d'application que dans la partie qui se rapporte aux phénomènes chimiques connus sous le nom de doubles décompositions.

On trempe un tissu dans une solution de nitrate d'argent. Si on applique sur ce tissu, préalablement essoré, une pièce de monnaie en cuivre ou une épreuve gilotée en zinc, le sel d'argent, au contact du métal, se précipite sous forme de poussière noire, et le dessin gravé sur le métal se trouve fidèlement reproduit sur la soie ou sur la toile. On peut tirer un certain parti de ce procédé en reportant l'épreuve à la gomme sur une planche de cuivre ou de zinc. Il suffit d'encrer pour supprimer le travail du graveur, en suivant la méthode expliquée dans notre Traité de Photo-lithographie. Il sera facile dès-lors de reproduire toute espèce de dessin au trait sans le secours de la presse.

CHAPITRE XVI

Héliochromie

—

1

L'Héliochromie, c'est-à-dire la reproduction des couleurs par la lumière, qui était, dès l'origine, le but des recherches de Nicéphore Niepce, est restée stationnaire depuis les recherches de MM. Poitevin, Niepce de Saint-Victor et Ed. Becquerel.

M. Becquerel a obtenu plus récemment des résultats très-importants, mais ces résultats n'ont aucune application en Photographie, puisque les couleurs imprimées par la lumière sur une plaque d'argent ou sur le papier, disparaissent en quelques minutes quand elles sont exposées au jour.

Ces recherches, couronnées de succès jusques à un certain point, prouvent, du moins, que le problème n'est pas insoluble, puisque on obtient sur le chlorure d'argent violet toutes les nuances du prisme, et même la reproduction exacte ou à peu près d'une image coloriée.

Le point le plus important, la fixation de ces mêmes couleurs, est ce qui reste à trouver.

Il est probable qu'on doit s'occuper de cette question importante, mais en tout cas, les revues mensuelles des Deux-Mondes sont peu explicites à cet endroit.

La fixation des couleurs est le terrible bidental antique sur lequel personne n'ose porter une main profane.

Il serait inutile de chercher sur cette matière des documents signés par d'autres noms que ceux que nous avons cités. Nous ne connaissons qu'un seul livre allemand traitant cette question, et cet opuscule se borne à reproduire les formules françaises que nous donnerons plus loin.

Le savant, dirigé par une idée fixe, suit invariablement une méthode, et prend un chemin de sont choix guidé par la logique et par la science. Il va loin et quels que soient les obstacles et les mécomptes, il poursuit quand même la ligne droite. Il a raison.

Malheureusement, une foule d'imitateurs le suivent, qui n'ont ni son génie ni ses aptitudes. Ils parcourent de jalon en jalon la route qu'il a tracée. Ils se bornent à constater, par des expériences sans élan, la distance parcourue sans oser faire un pas en avant.

C'est ainsi que le sous-chlorure d'argent a captivé seul l'attention des expérimentateurs, et quoiqu'il fut prouvé que cet agent n'a pas la propriété de fixer les couleurs, on a persisté à demander uniquement à ce produit ce qu'il aurait été peut-être plus rationnel de chercher ailleurs par d'autres méthodes.

Il vaudrait mieux, ce semble, diriger les investigations dans un autre sens, et M. Ducos de Hauvoir a donné l'exemple de l'initiative individuelle en cherchant la solution du problème dans un ordre d'idées entièrement nouveau. Sa théorie est fort originale, comme on le verra plus loin.

Quoiqu'il en soit, voici les formules employées pour obtenir les couleurs sur plaques d'argent et sur papier.

REPRODUCTION DES COULEURS SUR PLAQUES D'ARGENT

On polit une lame d'argent ou de plaqué. On la chauffe ensuite à 300 degrés plus ou moins, et quand le métal est refroidi, on recommence un polissage pareil à celui qui est exigé pour la plaque daguerrienne.

Le bain galvanique se compose de :

Eau . . . . . . 8 litres.

Acide chlorhydrique. 1 litre.

On filtre au papier.

La plaque métallique est reliée au pôle négatif par un fil conducteur en cuivre, et on la descend perpendiculairement dans le bain.

Le rhéophore du pôle positif est alors armé d'un fil de cuivre et mieux de platine, et on plonge le conducteur dans le bain en le promenant paral-

11.

lèlement à la plaque, pendant tout le temps de l'opération.

La pile qui produit le courant électrique est composée de deux éléments de Bunzen 12 à 14 centimètres.

L'opération est terminée quand la feuille est recouverte d'une couche grise de chlorure d'argent. Il faut régler, par le mouvement du fil de platine, le dépôt régulier de la couche sensible qui se porte sur le métal sous forme de poussière grise.

On lave ensuite la plaque à l'eau distillée, sans frottement, et on sèche sur un feu doux.

L'opération galvanique doit être faite dans l'obscurité, en voilant la lumière de la bougie.

Cette couche de chlorure d'argent, soumise aux rayons décomposés par un prisme, reproduit fidèlement la couleur de chacun des rayons déviés.

ÉPREUVES HÉLIOCHROMIQUES SUR PAPIER

Cette expérience fort intéressante se fait à l'aide d'un positif colorié. On prend un écran d'abatjour, un verre de lanterne magique ou de fantasmagorie.

On sensibilise d'abord une feuille de papier salé, sans albumine, sur le bain d'argent ordinaire.

Eau distillée . . . . . . 100 cent. cubes.

Azotate d'argent Cristall. . 20 grammes.

On lave le papier, quand il est sec, d'abord à l'eau distillée, et ensuite à l'eau ordinaire, et on le laisse pendant 2 ou 3 minutes dans une solution de chlorure d'étain composée comme il suit :

Eau distillée . . . . . . 100 cent. cubes.

Chlorure d'étain . . . . 10 grammes.

Ce liquide, quoique filtré, conserve un trouble apparent, dont il ne faut pas se préoccuper.

Toutes les opérations qui précèdent peuvent être faites en pleine lumière.

Après dessication, le papier est exposé au jour dans le châssis-presse.

On arrête l'insolation quand le chlorure double d'argent et d'étain arrive au ton violet foncé, presque noir.

On retire à ce moment le papier de la presse et on le plonge pendant quelques minutes dans la préparation suivante :

Eau saturée de sulfate de cuivre. 20 c. cub.
Eau saturée de chlorure de sodium. 20 —
Eau distillée . . . . 120 —

On peut remplacer la formule de M. Ed. Becquerel par celle de M. Poitevin, qui ne donne pas des résultats aussi satisfaisants, mais qui est intéressante sous d'autres rapports.

Eau saturée de sulfate de cuivre. . 20 c. c.
Eau saturée de bi-chromate de potasse . . . . 20 —
Eau à 5 °/° de chlorure de potassium . . . . 20 —

Quelle que soit la formule adoptée, on laisse sécher le papier et on l'expose sur le verre colorié, dans le châssis-presse, aux rayons directs du soleil.

On doit suivre la venue des couleurs, car le chlorure d'argent violet se solarise comme le chlorure ordinaire, et les couleurs par excès d'insolation peuvent disparaître sous une teinte noire.

Il faut un 1/4 d'heure d'exposition au soleil pour obtenir un bon résultat. A l'ombre, l'effet est plus lent à se produire.

L'opération est alors terminée. Ces couleurs qui s'effacent en quelques minutes en pleine lumière, se conservent très-longtemps dans l'obscurité.

Les nuances sont moins vives sur le papier que sur la plaque d'argent.

Nous avons remarqué qu'en cirant les épreuves pour préserver le chlorure d'argent de l'oxygène de l'air, on retardait de quelques minutes l'évanouissement de la couleur, et les teintes qui sont surtout dans la pâte du papier, prennent sous le vernis beaucoup plus d'éclat si on les regarde par transparence.

Les couleurs spectrales examinées par réflexion ou par transparence, sont plus vives si on plonge les épreuves pendant quelques minutes dans une eau vigoureusement acidulée.

L'acide fluorhydrique dilué a beaucoup plus d'action que les autres acides sur les couleurs données par le chlorure d'argent violet ; mais le maniement de ce produit offre de tels dangers que nous n'osons en conseiller l'usage aux expérimentateurs distraits.

Nous compléterons les notes relatives aux couleurs par la communication que nous avons faite récemment à la Société de Photographie, à propos de la théorie de M. Ducos du Hauron.

FIXATION DES COULEURS DU SPECTRE

« J'avais l'intention de donner un certain développement à la Communication que j'ai à vous faire ce soir, mais le temps, qui est toujours trop court quand il s'agit d'expériences, m'a manqué non pour écrire, mais pour observer.

« Je me borne donc, pour aujourd'hui, à vous apporter quelques spécimens qui constateront la singularité des faits dont j'ai à vous parler. Pour préciser la question, j'extrais les citations qui suivent du Traité de M. Ed. Becquerel, sur *La Lumière, ses causes et ses effets :*

« La matière impressionnable se colorant dans le spectre de toutes les nuances de cette image, les écrans colorés, tels que les verres colorés, doivent imprimer leur couleur à cette matière lorsqu'on l'expose sous ces verres à l'action de la lumière diffuse ou solaire (t. II, p. 226). »

« Il est très-intéressant de reconnaître que non-seulement les rayons simples donnent leur nuance à la matière sensible, mais encore que la réunion de plusieurs d'entre eux la colore de la teinte qui résulte de leur mélange (t. II, p. 227). »

La matière sensible dont parle M. Ed. Becquerel est le sous-chlorure d'argent violet, préparé par lui et par Niepce de Saint-Victor sur plaque d'argent ou sur papier, d'après le procédé de M. Poitevin.

Dans les deux cas, les couleurs obtenues n'ont aucune fixité et la lumière reprend ce qu'elle a donné.

Les couleurs, au contraire, sont fixées sur les épreuves positives que voici ; mais elles sont obtenues isolément, et c'est le contraire qui serait à souhaiter.

Il ne s'agit donc pas ici d'une nouvelle méthode, pour obtenir les couleurs, mais de faits qui prouvent que les couleurs spectrales peuvent être fixées isolément.

Le problème se présente donc sous une autre face, et le concours de chacun de nous est indispensable au dégagement de l'inconnue.

On doit attacher une certaine importance à ces révélations spontanées et inobservées de la lumière. Il est utile, je crois, d'en donner communication dès le début, même après des expériences incomplètes, laissant au besoin à d'autres le soin de confirmer d'abord et de compléter ensuite ces premières indications.

Peut-être la solution du problème ne se ferait-elle pas attendre, si chacun voulait prendre la peine de s'intéresser à la question.

Il est inutile de vous remettre en mémoire la théorie de M. Ducos du Hauron. Vous la connaissez à peu près tous ; mais, les épreuves en main, je crois pouvoir affirmer que les négatifs obtenus par sa méthode sous les écrans colorés acquièrent des propriétés singulières et inobservées : c'est du moins ce qui résulte des observations qui suivent, et qui ont été, en partie, constatées par M. Audra, membre du bureau, non seulement sur mes glaces sèches, mais sur des verres qu'il avait sensibilisés en vue d'une tout autre destination.

L'exposition des faits pourrait toutefois manquer de clarté, si je négligeais de rappeler en quelques mots la méthode que M. Ducos emploie pour reproduire un paysage ou un tableau, avec les couleurs naturelles.

M. Ducos prend trois négatifs de la même vue.

Dans le premier, la glace sensible est masquée par un verre rouge.

Le deuxième négatif est obtenu derrière un verre violet, et un verre vert sert d'écran dans l'impression de la troisième glace.

Ces trois négatifs n'offrent en apparence aucune différence appréciable, et les épreuves tirées sur papier albuminé sont, sur simple inspection, identiques.

Ce n'est que par une observation raisonnée qu'on peut établir une différence accusée dans la venue des demi-teintes. En tout cas, il faut se reporter au procédé pour apprécier ces inégalités.

Ces trois clichés cependant diffèrent essentiellement, et l'agrégation moléculaire de la couche d'argent, si l'on s'en rapporte aux faits, n'a aucune similitude. Cette agrégation atomique, qui fait qu'une fleur, composée en apparence d'un même tissu, absorbe par place tel ou tel rayon et reflète les autres, est un problème analogue à celui que nous rencontrons dans chacun de nos trois négatifs.

Il serait assurément de tout intérêt de pénétrer ces secrets, et c'est là notre but ; mais, en tout cas, il est très-heureux de pouvoir toucher du bout du doigt aux lois naturelles sans les saisir tout à fait.

Sous chacun des trois négatifs, M. Ducos du Hauron insole donc une feuille de papier au charbon dans l'ordre qui suit :

Le papier qui porte la mixtion jaune est exposé à la lumière sous le négatif obtenu sous le verre violet.

Le papier rouge est mis au jour sous le cliché donné par le verre vert, et la couleur jaune enfin est le monochrome de la couche influencée sous le verre rouge.

Après développement, les trois épreuves superposées reproduisent, si nous nous en rapportons aux épreuves de M. Ducos, toutes les couleurs d'un paysage ou d'un tableau.

Par reflet ou mélange, les trois couleurs primitives, rouge, jaune, bleu, produisent les couleurs secondaires avec leurs demi-teintes et leurs nuances. La nature, en effet, n'a pas d'autre palette.

Il n'est pas question dans cette Communication de modifier (dans l'application) la théorie de M. Ducos, quoiqu'il fût peut-être plus intéressant, ce me semble, de demander les trois monochromes à la Chimie pure. Le procédé, du reste, n'en serait que plus pratique et d'une manipulation plus facile ; et en disant comment on peut y arriver, j'établis une distinction entre les monochromes chimiques qu'on peut obtenir, les uns par le choix du virage ou encore par voie de précipités, et les autres par l'action pure et simple de la lumière, et c'est sur ces derniers que je veux attirer votre attention ; c'est le point capital, et j'ai cru indispensable de donner les explications qui précèdent pour bien préciser les faits.

Par voie de précipité ou par l'emploi d'un virage approprié on obtiendrait, par exemple :

1° Le monochrome jaune par précipité, en renforçant un positif ordinaire, d'abord à l'iodure de potassium, et l'on continuerait l'opération après lavage avec une dissolution de bi-chlorure de mercure.

On obtiendrait un résultat analogue et le monochrome serait dans ce cas transparent, en fixant au sulfocyanure d'ammonium un positif au collodion-chlorure tiré au châssis-presse.

Le monochrome rouge serait donné encore par le collodion-chlorure qui, viré dans une solution de stannate d'or, passerait au rouge par combinaison.

Le même collodio-chlorure enfin fournirait l'épreuve bleue en substituant dans le collodion le chlorure de cobalt au chlorure de strontium ou de manganèse. D'autres méthodes, du reste, conduiraient aux mêmes résultats.

Mais la substitution de monochromes colorés chimiquement à ceux qui ont été adoptés par M. Ducos n'avancerait en rien la question capitale de l'héliochromie.

Et je crois, au contraire, qu'il y a un pas de fait dans ce sens, non pas par suite de l'emploi des nouveaux monochromes que j'apporte, mais par la nature même de ces épreuves positives, qui ne doivent leur coloration qu'à l'influence même de la lumière.

J'ai dit, en débutant, que les expériences faites par M. Ed. Becquerel prouvent que les verres colorés communiquent leur couleur au chlorure d'argent violet, et je me suis demandé si le chlorure violet aurait seulement ce privilége ; l'occasion s'offrait d'elle-même, et j'ai tenté des essais sur les négatifs que M. Ducos m'avait confiés dans un autre but, celui de superposer trois couleurs par l'impression de mon système de phototypie. Je dirai, en passant, qu'il y a lieu d'espérer dans ce sens.

D'essai en essai j'ai constaté ce qui suit :

Si l'on sensibilise dans un bain d'argent acide, dont le titre peut s'élever de 12 à 18 pour 100, une glace sèche préparée au tannin, et si, après une exposition au châssis-presse à l'ombre, de quinze à trente secondes et même au soleil, en diminuant le temps de pose, cette glace est développée à l'acide pyrogallique et renforcée de la même manière après fixage, on obtiendra sur cette glace une couleur générale vigoureuse, et cette couleur correspondra à celle du monochrome que M. Ducos a indiqué pour chacun des trois négatifs.

Ainsi donc, si l'on divise en trois bandes une même glace, et si l'on expose les trois fractions, chacune sous un des trois clichés, en développant avec la même solution d'acide pyrogallique, on aura trois couleurs différentes qui seront les couleurs primitives rouge, jaune, bleu. Il est probable, puisque les couleurs mixtes influencent le sous-chlorure d'argent violet, que les nuances intermédiaires seraient également produites et fixées, si les négatifs d'origine avaient été obtenus sous d'autres verres.

Je ferai remarquer que ce n'est pas le verre rouge qui donne la couleur rouge, mais le verre vert. Le rouge développe le bleu, et le violet le jaune.

Verre violet.........	Monochrome jaune.
Verre vert..........	» rouge.
Verre rouge........	» bleu.

La couleur du positif ne prend toute son intensité qu'autant que l'épreuve elle-même accuse dans le développement un temps de pose exact.

Dans ce cas, la couleur prévue et déterminée par l'emploi du négatif s'obtient avec une grande régularité. Mais en tous cas, si l'on n'a pas encore une couleur vive par manque ou excès d'insolation, la simple inspection du résultat positif indique toujours le cliché qui détermine la manifestation de la couleur résultante.

Le bleu est quelquefois violacé. C'est le ton le plus rebelle. Mais vous voyez par l'échantillon que j'apporte qu'il peut être obtenu parfaitement pur et très-intense.

Ces couleurs sont tellement fixes qu'elles peuvent supporter indéfiniment le jour ; je dirai mieux, c'est sous les rayons mêmes du soleil que les couleurs prennent leur maximum d'intensité, si l'on a le soin, après les avoir développées et fixées, de les renforcer sous l'action directe et vigoureuse de la lumière solaire.

J'engage ceux qui voudraient poursuivre ces expériences fort incomplètes, à étudier le Traité de M. Ed. Belquerel, sur *La Lumière*. On trouvera dans ce livre des renseignements précieux au sujet de l'influence des rayons colorés sur les substances oxydables à la lumière.

Je pourrais signaler une série d'observations qui se rattachent à la question ; mais je préfère attendre, car il faut s'imposer une grande sobriété d'affirmations quand il s'agit d'observations récentes et personnelles.

Je crois pouvoir toutefois donner l'explication plausible d'un fait qui a été discuté dans nos dernières séances et dont la cause serait trouvée, si mes expériences sont confirmées par celles qui seront probablement tentées par d'autres que par moi.

M. Bazin, photographe à Paris, et d'autres après lui, ont constaté que, si on laissait agir pendant quelques secondes la lumière rouge dans la chambre noire, immédiatement avant la pose, il y avait accélération dans la réduction de l'iodure d'argent.

En se reportant à la méthode de M. Ducos et, partant, aux résultats que j'apporte, on remarquera que le monochrome du rayon rouge est la couleur bleue.

Il ne serait donc pas improbable, puisqu'on obtient le bleu sous le négatif qui a été insolé sous un écran rouge, que la couche sensible ne se trouvât modifiée et qu'elle ne fût prédisposée à recevoir l'influence du seul rayon bleu, qui, comme on le sait, est le plus actinique.

Il serait possible encore que le rayon qui détermine la couleur restât seul sans influence sur la couche sensible, et que sa puissance chimique ne fût que le résultat d'une action inverse semblable à celle du foudroiement par le choc en retour, ou à celle de la fulmination, dont l'action s'exerce du centre à la circonférence, et qui produit ensuite une réaction inverse plus énergique que la première.

C'est du reste par suite de cette supposition que j'ai tenté de développer les couleurs en pleine lumière, et que j'ai obtenu de meilleurs résultats. J'étais porté à croire que, dans les trois cas, la couche bromurée était modifiée par le travail chimique des autres rayons, et que le rayon de la couleur qui se révélait, ne pouvant plus pénétrer la couche sensible, se trouvait nécessairement réfléchi.

Cette théorie n'a du reste rien d'extraordinaire.

12

Elle est admise comme loi dans la manifestation des couleurs, et personne n'ignore que dans la nature la couleur propre à chaque corps correspond au rayon qui n'est pas absordé par la matière colorée. Le rayon réfléchi est seul perçu par l'organe de la vue.

Je sais fort bien que, dans les couleurs spectrales obtenues sur le chlorure d'argent, le rayon rouge agit directement et produit la couleur rouge ; il en est de même de tous les autres rayons simples ou composés ; mais on remarquera que, dans ce cas, la matière sensible a déjà été fouillée par la lumière blanche, et qu'ici la couche bromurée n'a été touchée que par un seul rayon, et qu'en outre le rayon n'est pas celui qui correspond à la couleur qui se manifeste.

Avouons, au surplus, que tous les progrès de la Photographie se sont accomplis à l'aide de la lumière blanche, et qu'on a peu ou point étudié la question en soumettant les couches semblables à l'influence des rayons déviés.

Quoi qu'il en soit, voici la méthode opératoire et les formules :

COLLODION.

Alcool............ 100 cent. cubes.
Éther............. 100   —
Coton azotique...... 3 grammes.
Bromure de cadmium. 3   —

BAIN D'ARGENT.

Eau distillée....... 1000 cent. cubes.
Azotate d'argent cristall. 180 grammes.
Acide azotique...... quelques gouttes.

PRÉSERVATIF.

Eau........... 500 cent. cubes.
Bière.......... 500   —
Tannin........ 30 grammes.
Acide acétique... 50   —

Après dissolution, on ajoute un blanc d'œuf. On secoue vivement et l'on filtre.

BAIN RÉDUCTEUR

Eau........... 1000 cent. cubes.

Acide pyrogallique.   10 grammes.
Acide acétique.....   5 cent. cubes.

On ajoute au moment de l'emploi quelques gouttes d'un bain d'argent à 10 pour 100.

FIXATEUR.

Eau...........   100 cent. cubes.
Cyanure........   6 grammes.

OBSERVATIONS.

Les glaces sèches seront préparées suivant les prescriptions ordinaires, mais on les laissera au moins cinq minutes dans le bain d'argent.

Le bromure d'argent est beaucoup plus long à se former que l'iodure.

Au sortir du bain, la couche doit être d'un blanc mat et semblable à une couche d'iodure.

Le cyanure, qui est très-énergique avec le dosage indiqué, ronge l'épreuve et la fait presque disparaître, mais l'image revient ; et, si l'on continue le développement en plein soleil, on obtient le maximum d'intensité dans les couleurs.

Si je me suis servi de bains très-acides dans le cours des expériences, c'est que j'avais rémarqué que les couleurs spectrales prenaient plus d'intensité quand on immergeait le papier insolé et portant l'image colorée, dans une eau vigoureusement acidulée. J'obtenais les meilleurs résultats dans l'acide fluorhydrique pur.

Il n'est pas nécessaire de tirer les négatifs à la chambre noire, si l'on veut simplement obtenir des positifs colorés.

On interposera seulement des verres de couleurs sur un négatif ordinaire. Mais on restera alors en dehors de la théorie de M. Ducos, et ces positifs superposés (je le suppose du moins, n'ayant pas fait l'essai) n'auront pas la propriété de reproduire les couleurs naturelles, car ils dériveraient tous d'un même type, et chaque monochrome, quoique différant par la couleur, serait identique sous le rapport des demi-teintes : c'est tout le contraire dans les épreuves positives noires ou colorées de M. Ducos du Hauron. J'ajouterai que les négatifs de M. Ducos transmettent leurs propriétés à leurs contre-types.

12.

Il ne faut pas oublier, en se servant d'un négatif ordinaire, que c'est le négatif résultant qui donnera les monochromes ; car c'est le positif tiré sur le premier négatif, pris au hasard, qui transmettra au second négatif les propriétés dont nous parlons.

On peut au besoin, pour simplifier l'expérience, insoler des glaces sensibles sous un verre de couleur, mais les résultats ne sont pas toujours satisfaisants ; car, par suite de l'absence de toute image, on ne sait jamais si le temps de pose est exact et si le développement est régulier.

NOTA.

J'ai constaté par des expériences plus récentes que si on recouvre le fond du négatif à l'encre de chine, la couleur ne s'accuse que sur le dessin.

La partie réservée du positif, après le développement ne diffère en rien des épreuves ordinaires.

CHAPITRE XVII.

Photographie sur ivoire

—

Nous avons dit qu'on pouvait transporter sur ivoire la pellicule de collodion chloruré, mais ce n'est pas ainsi qu'on procède pour la miniature. Le dessin doit reposer directement sur l'ivoire sans intermédiaire.

L'opération ne diffère en rien dans l'ensemble de ce qui se fait dans le tirage ordinaire.

La plaque d'ivoire est d'abord polie avec de la ponce en poudre ; on prend un morceau de liége uni à la rape pour exercer la friction.

On lave ensuite l'ivoire dans une eau rendue alcaline par l'addition de quelques gouttes d'ammoniaque liquide et ensuite dans l'eau pure.

On évitera de laisser trop longtemps l'ivoire dans

l'eau et dans les bains. La plaque se déformerait.

L'ivoire, comme le papier photographique, doit subir deux préparations. Le papier albuminé est livré tout chloruré par le commerce. Il suffit donc de le sensibiliser sur le bain d'argent.

Mais l'opérateur est obligé de chlorurer l'ivoire, le bois et la soie. Le bain d'argent serait sans effet sans ce traitement préalable. On fera dissoudre, dans 100 grammes d'eau, 2 grammes de chlorure de lithium et on laissera pendant 2 ou 3 minutes dans le bain.

Le choix du chlorure n'est pas indifférent. En général, l'épreuve sur ivoire est destinée au coloris et les couleurs perdent toute leur fraîcheur sur un dessous noir.

Le lithium donne à l'image un ton brun et rosé qui facilite beaucoup le coloris du visage.

Les épreuves sur ivoire, quoique tirées avec vigueur, s'affaiblissent toujours dans les bains fixateurs et colorants. Il sera bon d'en tenir compte, par une impression vigoureuse au châssis-presse et par le dosage élevé du bain de chlorure et d'argent.

Au sortir du bain de chlorure, l'ivoire, sans être lavé, et après dessication, est immergé dans un bain d'argent à 20 %, où il doit rester pendant 3 ou 4 minutes. On retire ensuite la plaque et on la laisse sécher.

On lave l'épreuve tirée au châssis avant de la soumettre au bain de virage, qui ne diffère en rien de celui qu'on emploie pour le papier et on la fixe à l'hyposulfite.

Un portrait trop tiré peut toujours être affaibli dans un bain de cyanure à 2 %.

On emploie pour le coloris les couleurs à l'eau qu'on applique au pointillé.

IMPRESSION SUR BOIS ET SUR SOIE

La méthode précédente sera suivie en tous points dans l'impression sur bois et sur tissus.

Pour le bois, on emploiera le chlorure de manganèse qui donne des tons noirs et vigoureux ; mais le meilleur système d'impression sur bois est un report à l'encre grasse. La phototypie rend cette méthode très-simple.

Le calcium est préférable pour chlorurer la soie. On peut employer le sel ordinaire.

Tous les tissus reçoivent en fabrique un encollage qu'on nomme apprêt. Aussi faut-il les laver avec soin avant de les passer au bain de chlorure.

On immerge entièrement les tissus dans le bain de chlorure et dans le bain d'argent.

. Les épreuves sur bois et sur tissus exigent une insolation prolongée. L'image s'affaiblit dans les bains.

Il faut autant que possible, pour la soie, employer des bains neufs. Cette condition est de rigueur à l'endroit du bain de virage et d'hyposulfite. Les vieux bains, malgré les lavages prolongésqui suivent, teinteraient la soie qui resterait sans éclat après les opérations photographiques.

Après le fixage à l'hyposulfite, on lave la soie avec le plus grand soin. Il faut la laisser assez longtemps dans l'eau et changer souvent le liquide.

La soie et les tissus réclament un lavage prolongé. On doit éliminer totalement l'hyposulfite.

Dans le cas contraire l'épreuve se teinterait en

jaune sous le fer à repasser, dont l'emploi est nécessaire pour étendre le tissus froissé par les manipulations. Il faut, après le dernier lavage, tremper les épreuves dans l'eau légèrement gommée qui servira d'apprêt.

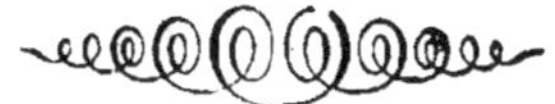

CHAPITRE XVIII.

Traitement des Résidus

—

Sur 100 grammes d'azotate d'argent employés dans l'ensemble des opérations photographiques pour produire un certain nombre de clichés et d'épreuves positives, dix grammes seulement concourent au résultat. Les quatre-vingt-dix grammes qui restent sont enlevés par les lavages, par les bains d'hyposulfite et par les filtres.

Il est de l'intérêt du photographe et de l'amateur de recueillir les résidus et de les traiter ensuite comme nous allons le dire.

I

La récolte la plus abondante provient des lavages qui précèdent l'opération du virage.

On réunira ces eaux dans un vase en grès et on y mêlera les vieux bains d'argent, les bains de fer et d'acide pyrogallique qui ont servi à révéler et à renforcer les clichés négatifs et positifs. L'acide pyrogallique et le sulfate de fer suffisent pour opérer le précipité général ; mais pour plus de sûreté on laissera dans le vase en grès, en permanence, une lame de cuivre qu'on dégagera de temps à autre de la poudre grise qui la recouvre et qui est de l'argent pur. On versera dans le même récipient les eaux qui proviennent du lavage des cuvettes à bain d'argent, et les virages épuisés, exempts d'hyposulfite.

Ce vase doit être muni d'un robinet d'écoulement placé à dix centimètres au-dessus du fond et c'est par cette ouverture qu'on laisse écouler l'eau claire quand tout le précipité s'est effectué.

On enlève tous les mois le dépôt qui est de l'argent métallique presque à l'état pur, et on le laisse sécher dans une cuvette en porcelaine.

II

On conservera soigneusement les papiers qui

servent à filtrer les bains d'argent. Les épreuves manquées, les papiers sensibilisés qui, par suite de taches, ont été mis au rebut, les chiffons et tout papier en un mot qui a touché aux bains d'argent.

Ces débris seront enflammés et brûlés un à un dans une capsule où l'on pourra sans perte retrouver les cendres.

III

Les vieux bains d'hyposulfite qui ont servi au fixage des épreuves contiennent aussi beaucoup d'argent. On les réunit à part dans un tonneau mis sur champ. On enlève le couvercle supérieur et on dispose un robinet d'écoulement comme plus haut.

Quant le récipient est aux trois quarts plein, on y mêle une dissolution de sulfure de potasse en agitant le contenu avec une latte en bois. On attend au lendemain pour ouvrir le robinet quand tout le sulfure d'argent s'est déposé.

Mais on s'assure auparavant s'il ne reste plus trace d'argent dans le liquide.

On remplit, pour cet essai, une éprouvette de l'eau en traitement et on y mêle quelques gouttes de la solution de sulfure de potasse, ou foie de soufre. Si on n'aperçoit pas trace de précipité, l'opération est terminée.

Il peut cependant y avoir erreur. On a recours à l'épreuve contraire.

On remplit une seconde fois l'éprouvette avec l'eau du tonneau et on y mêle quelques gouttes d'azotate d'argent dissout. Il ne doit pas y avoir de précipité et, dans le cas contraire, il y a eu trop de sulfure de potasse employé précédemment et avant de laisser écouler les eaux mères, on doit y verser les vieux bains d'hyposulfite de la semaine.

FONTE.

On grillera d'abord, sur une tôle placée au-dessus d'un feu, les résidus d'hyposulfite pour éliminer le soufre. Le soufre combiné avec le salpêtre déterminerait une explosion dans le fourneau. On réunira à ces résidus calcinés, l'argent métallique provenant des bains de fer et d'acide pyrogallique et des eaux des lavages qui ont précédé le fixage. Le tout doit être bien sec.

On mêle donc :

Résidus . . . . 100 parties.
Borax . . . . . 50 —
Cristal minéral ou
   salpêtre fondu . . 28 —

Le salpêtre fondu privé de son eau de cristallisation est préférable pour la fonte. Le photographe peut le préparer en mettant une capsule sur un feu vif. L'azotate de potasse se liquéfie d'abord : c'est la fusion aqueuse ; il se dessèche ensuite et un bon coup de feu le remet à l'état fluide et on le coule sur une dalle. On doit aussi préférer le borax fondu qu'on trouve tout préparé ; mais la fonte du borax est une opération réservée au spécialiste.

On remplit aux deux tiers un creuset ordinaire du mélange indiqué plus haut, et on le place au centre d'un fourneau spécial.

Le four d'émailleur, qui se trouve maintenant dans l'atelier de beaucoup de photographes, suffit pour la fonte des résidus. On allume le fourneau et on recouvre le creuset avec quelques morceaux de charbon de bois. On replace ensuite le couvercle de l'appareil, et on remplit de coke et de charbon le vide laissé entre le creuset et le haut du couvercle et on abandonne le feu à lui-même. On retire le creuset quand le fourneau s'éteint, et on trouve, au fond du creuset qu'on brise, un culot d'argent parfaitement pur, qu'on peut redissoudre dans l'acide azotique étendu d'eau pour préparer de l'azotate d'argent.

On procède ensuite à la fonte des cendres. On dose le mélange fusible comme il suit :

Cendres.	100 parties.
Carbonate de soude desséché .	60 —
Sable . . de	25 à 60 %

Le creuset est rempli comme précédemment et traité de la même manière.

—

La Vérité sur les Objectifs

En parlant des objectifs, nous avons, sans parti pris, mais par suite d'expériences comparatives, exprimé consciencieusement ce qu'il fallait penser de notre fabrication et de celle des concurrents étrangers.

Pour donner plus de poids à notre affirmation, nous avons eu recours plus tard à l'obligeance de MM. Darlot, Derogy, etc., qui ont trouvé exact ce que nous avions dit à l'endroit des objectifs français.

Ces opticiens, haut placés dans ce genre d'industrie, se prêteront toujours volontiers aux expériences comparatives.

Il est momentanément de bon goût, ailleurs, de critiquer ce qui se fait en France. A tort ou à raison on nous dit fort prétentieux. Soit : mais caractère ou capacité rien n'est prêt à changer chez nous, et nous conserverons sur ce point, du moins, la prétention de faire aussi bien que quiconque.

La prospérité de notre industrie nationale suffit à prouver que nos illusions ne s'écartent pas trop de la vérité. M. Hermagis a bien voulu compléter le chapitre de l'optique photographique par la note qui suit et nous appelons l'attention de nos lecteurs sur ces lignes fort sensées.

« Chaque photographe, et c'est son droit, a son opinion sur les fabricants et sur leurs objectifs ; chaque auteur d'un traité de photographie a son faible pour tel ou tel opticien ; chaque opérateur se base pour le choix d'un instrument sur le plus ou moins de bruit qui se fait autour d'un nom, sur les recommandations, rarement désintéressées, d'un conseiller qui a sa confiance. Les artistes les plus sérieux changent souvent d'opinion sur le même appareil ; on croyait avoir un instrument anglais ou allemand que l'on trouvait excellent et on découvre que les verres sont signés d'un nom français, et on se plaint d'avoir été trompé. On délaisse, comme défectueux, l'objectif qui charmait naguère, on le revend à vil prix....

« Puis un jour, vous lisez dans la nouvelle édition d'un gros traité que le triplet, par exemple, n'a plus de raison d'être, quoique l'édition précédente l'ait présenté comme indispensable. Vous entendez vanter l'aplanat et l'aplanétique, le doublet, le grand angulaire et le rectilinéaire, etc.

« Vous vous informez chez chaque constructeur et vous finissez par découvrir que la formule est au fond la même, malgré la différence des dénominations.

« Certes on ne m'accusera pas de charger le tableau et je crois que les scandales révélés par la polémique de 1867 entre divers journaux anglais : *Photographic news*, *Bristish journal*, etc., ont dû fixer depuis longtemps l'opinion des amateurs de produits exotiques.

« C'est au point, me disait dernièrement un « photographe Russe, que je ne regarde plus la « signature d'un cuivre avant d'avoir essayé les « verres.

« Je cache, au contraire, la marque de fabrique et je compare. »

« La comparaison ! Voilà la seule garantie sérieuse. Essais comparatifs ! Voilà ce que je ne cesse de répéter et d'offrir aux indécis, aux amateurs surtout, imbus du préjugé encore trop répandu de la prétendue supériorité des produits anglais ou allemands.

« Et pourquoi serions-nous inférieurs à l'étranger? Nous avons le même verre et nous connaissons leur méthode de travail. Il n'y a pas de secrets dans leurs procédés de polissage. Le plus beau flint et le meilleur crown se fabriquent aujourd'hui en France. Car le fabricant préféré des des opticiens anglais n'est pas, comme on l'a dit et écrit, M. Chance de Birmingham, mais bien M. Feil de Paris..........

« Et maintenant qu'on a compris, je l'espère, qu'en dehors des objectifs neufs, signés d'un nom qui se respecte, essayés consciencieusement ou offerts et garantis à l'essai, il n'y a qu'ennuis et mécomptes à espérer. Qu'on me permette de donner mon avis sincère sur les nombreux types d'instruments qui encombrent le catalogue.

« Je suis bref, ne voulant que débrouiller l'écheveau et non pas l'emmêler d'avantage.

« Que fait en général le photographe ? des cartes de visites, des cartes-album, de grands portraits, du paysage ou de la reproduction.

« Quelle qualité prédominante doit avoir l'objectif à portrait ?

« La rapidité évidemment. C'est donc le doublet de Petzval, vulgo objectif double à portrait (extra rapide de préférence) permettant de poser deux secondes et même une dans l'atelier, qui devient le plus indispensable. Même conseil pour la carte-album et le grand portrait si l'on ne veut pas recourir à l'agrandissement.

« Quand au paysage, rien n'égale le globe-lens et ses dérivés ou analogues pour la profondeur. Mais son peu de rapidité lui fera toujours préférer l'aplanétique également excellent pour les groupes, pour la reproduction des plans et des gravures.

« Ainsi déblayé des inutilités, le champ de l'optique ne saurait, je crois, effrayer l'amateur désireux de faire un choix judicieux. »

⁂

ÉMAUX. — VITRAUX. — GRAVURE
HÉLIOGRAPHIQUE. — GILOTAGE. — GRAVURE
PORCELAINE. — PHOTOLITHOGRAPHIE. —
PHOTOTYPIE

Ce n'est pas dans ces éléments que nous pouvons aborder ces questions qui exigent de longs développements.

Nous renvoyons le lecteur à nos monographies.

Il trouvera dans nos traités spéciaux une méthode sûre et des formules qui sont depuis longtemps adoptées par les praticiens.

FIN.

TABLE

PREMIÈRE PARTIE

DEUXIÈME PARTIE

—

TROISIÈME PARTIE

Méthodes et procédés divers.

FIN DE LA TABLE.

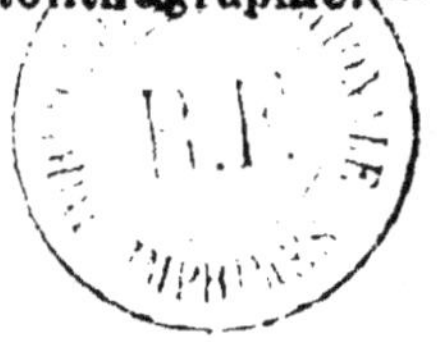

Roanne, Imp. Roannaise, place de l'Hôtel-de-Ville. MARTONNE

www.ingramcontent.com/pod-product-compliance
Lightning Source LLC
LaVergne TN
LVHW011943180726
843502LV00005B/1318